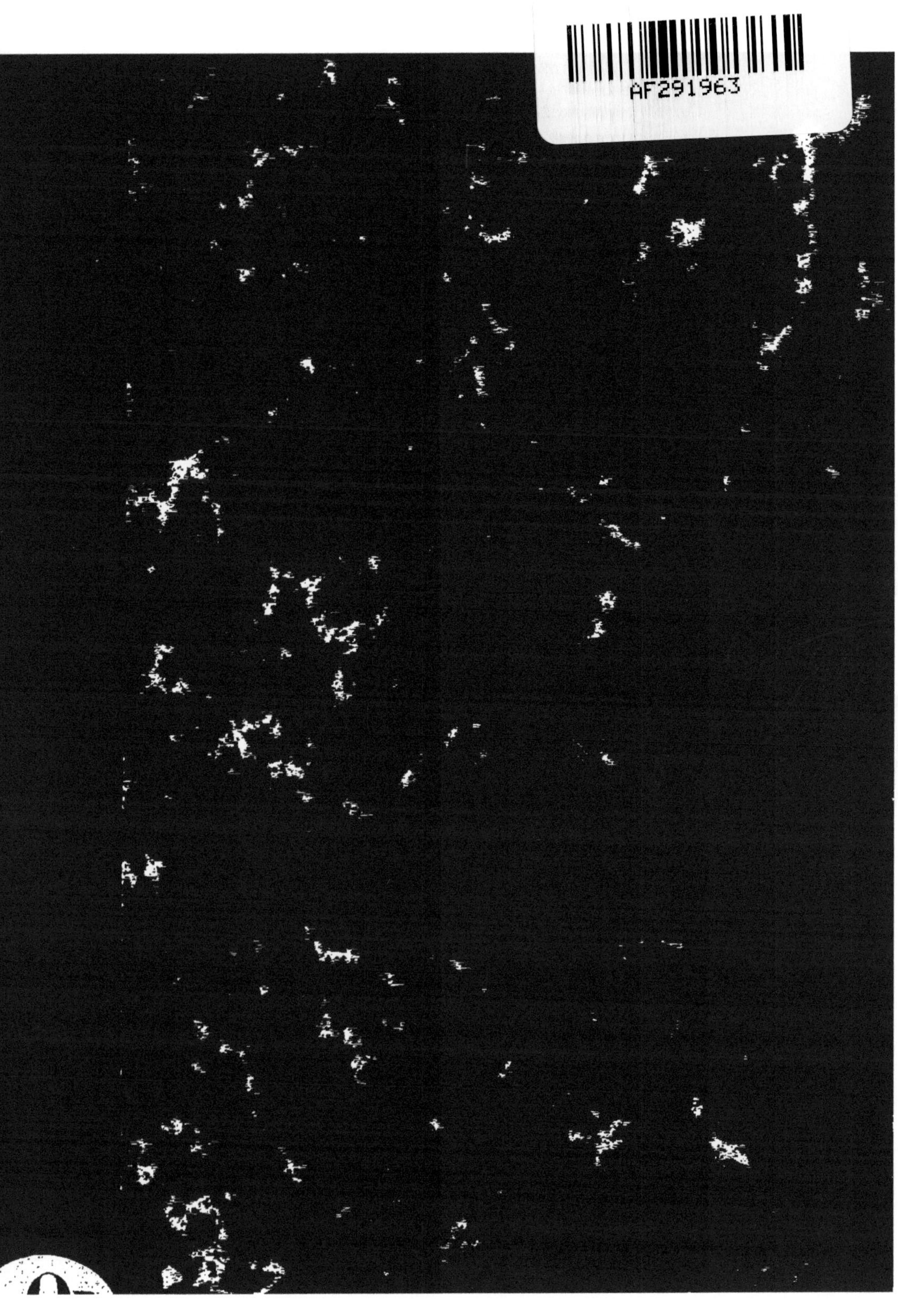
AF291963

DE

LA LÉGITIMITÉ

EN

PORTUGAL,

QUESTION PORTUGAISE.

SE VEND A PARIS,

CHEZ

A. MESNIER , place de la Bourse.

DELAUNAY , Palais-Royal.

PÉLICIER , place du Palais-Royal , n° 243.

ROUSSEAU , rue Richelieu , n° 107.

AMBROISE DUPONT et COMP^e , rue Vivienne , n° 16.

MONGIE aîné , boulevard des Italiens , n° 10.

LEVAVASSEUR , Palais-Royal.

CHARLES BÉCHET , quai des Augustins , n° 57.

RAPILLY , passage des Panoramas , n° 43.

PARIS. — IMPRIMERIE DE CASIMIR,

RUE DE LA VIEILLE-MONNAIE, N° 12.

DE

LA LÉGITIMITÉ

EN

PORTUGAL,

QUESTION PORTUGAISE, SOUMISE AU JUGEMENT DES HOMMES IMPARTIAUX.

A PARIS,

CHEZ LES MARCHANDS DE NOUVEAUTÉS.

1828.

Lorsque l'esprit de parti, l'amour des abus
et la haine des réformes politiques s'emparent
du cœur des hommes, une frénésie qui les
aveugle s'empare d'eux, leur fait méconnaî-
tre les principes les plus solides, les notions les
plus simples; c'est ainsi que pour parvenir à
leurs fins ils ne refusent point de marcher dans
le sentier du crime et de la rebellion, et de se
précipiter, en entraînant la patrie, dans un
torrent de malheurs. Dans ce triste état, observons de loin le Portugal, que les sectaires de
l'apostolicisme prétendent à tout prix spolier
des institutions que Pierre IV, son légitime
monarque, lui a spontanément octroyées en cei-
gnant la couronne de cette monarchie. Il faut
noter qu'au moment de la mort du roi Jean VI
l'on était loin de mettre en doute, dans ce pays,
quel était l'héritier légitime de la couronne de

Portugal, et que deux ans après l'on réfuterait cette question avec tant de chaleur. Le courage investigateur trouvera facilement la cause de cette divergence dans les événements qui se sont manifestés en Portugal dans le courant de ces trois derniers mois. Il est curieux de voir disputer aujourd'hui l'héritage portugais après qu'un aussi grand laps de temps s'est écoulé; après qu'un gouvernement légal a régi le Portugal au nom du souverain légitime; après qu'il a été frappé de la monnaie à son effigie; après qu'il lui a été envoyé une députation pour recevoir ses ordres, et après que la légitimité a été reconnue, ainsi que la jouissance des droits de souveraineté. De plus, les gouvernements étrangers, toujours en éveil pour la conservation des principes européens, ont félicité le nouveau monarque par leurs ambassadeurs, et ont renouvelé avec lui les anciennes alliances qui existaient avec feu son père, et de manière à ne laisser aucun doute quant à la reconnaissance. Tout ceci sont des faits que personne ne peut nier; mais ils sont de peu de poids pour les factieux, car, lorsqu'il s'agit de satisfaire leurs passions, il n'est point de faits, il n'est plus d'évidences.

Depuis la mort du roi Jean VI, jusqu'à l'arrivée de la Charte constitutionnelle, il n'y a point eu de scrupules, et ce n'est que lorsqu'en juin 1826, la corvette *Lealdade* jeta l'ancre dans le Tage, porteur d'un si précieux octroi, que commencèrent les doutes et la divergence d'opinions. Le gouvernement hésita à la prompte publication de celle-ci ; tous les moyens d'étouffer l'impulsion d'une joie nationale furent employés, afin de faire accroire que de telles institutions ne plaisaient point à la pluralité des Portugais ; cependant, comme l'opinion publique a rompu tous les obstacles, il fut forcé de publier la Charte ; mais en même temps l'on commença à machiner contre elle et contre le monarque qui la promulguait, car il y avait peu d'apparence d'abolir la Charte, conservant l'autorité du roi. Depuis lors on commença à entendre le nom de l'infant dom Michel, à insinuer, quoique avec quelque déguisement, dans des feuilles publiques vendues au parti apostolique, qu'il était le roi légitime de Portugal, et dom Pierre un étranger intrus.

L'argent a circulé, une partie de l'armée a été séduite ; la rebellion fut armée, et les prétendus droits de dom Michel ont été proclamés de pair avec ceux de don Sébastien (1) ; des

____

(1) Fils de la princesse Marie-Thérèse et de l'infant d'Espagne don Pierre Charles.

actes publics de cet attentat ont circulé dans toute l'Europe. L'esprit public a encore rompu cette fois, à travers toutes les intrigues pour vaincre les intrigants ; la majeure partie de l'armée a maintenu son serment, fait ses devoirs, et les rebelles ont été repoussés sur tous leurs points d'attaque, et obligés de chercher un asile hors de Portugal. La tempête semblait s'être apaisée dans ce royaume, et en effet, quelques temps de paix y furent goûtés, quoique un peu interrompus par les doctrines subversives d'abjects folliculaires appuyés par le gouvernement, ou du moins par une partie qui a cependant tiré peu d'avantage de leurs écrits ; car la mauvaise cause n'était soutenue que par l'inhabileté de ses défenseurs.

L'infant régent est enfin entré dans le Tage, et alors les apostoliques ont respiré : ils l'entourèrent, bloquèrent les avenues du palais ; abusant peut-être de sa bonne foi, ils occupèrent les premières charges, destituant tous les hommes attachés à la cause de Pierre IV et donnant le commandement des corps à des officiers immoraux, licenciés pour rebellion et amnistiés. La chambre des députés fut dissoute à la même époque, et cette mesure violente, à laquelle les gouvernements n'ont recours qu'en des moments d'une urgence extrême et d'un danger manifeste pour la patrie, a été prise sans une cause justifiée, et sous le prétexte frivole qu'elle n'avait point été convoquée selon les anciens usages, et cela pour une institution nouvelle. Cette infraction manifeste de la Charte a montré avec évidence à la nation et au monde l'esprit du gouvernement, et en effet, depuis, il est devenu absolu, et le gouvernement re-présentatif, de fait du moins, a cessé d'exister en Portugal.

L'on vit alors dans ce royaume, au sein de sa capitale et aux yeux d'un gouvernement qui régnait au nom de Pierre IV, circuler des grou-pes de la populace, vociférant et proclamant un autre roi que celui au nom duquel le royaume était gouverné, et cela sans que l'intendant gé-néral de la police, Bastos, qui a tant fait pour l'usurpation, ou d'autres autorités constituées, fissent un pas pour les punir, ou du moins pour les réduire au silence.

La censure a fait taire tous les journaux qui avaient la noble audace de défendre les insti-tutions légitimes, et des magistrats dégénérés, comme les corrégidors *Semblano Villar* et *Teixeira Homem*, jetaient dans de lugubres cachots les auteurs d'écrits censurés ! Les écri-vassiers seuls trouvaient protection pour prix des injures qu'ils lançaient contre le gouvernement représentatif, et les droits qu'ils refusaient à Pierre IV.

Peu après, les chambres municipales du royaume ont reçu des insinuations, par ordre des commandants des districts, pour adresser au régent des représentations pour lui demander de se proclamer roi absolu et d'abolir la Charte ; mais avant que ce manége fût mis en pratique, le jour mémorable 25 d'avril, une tourbe d'hommes de l'infime canaille, commandés par quelques valets de la cour et officiers licenciés, se sont dirigés à la municipalité de Lisbonne, qui, faisant corps avec eux, proclama, au milieu du vacarme et de dégoûtantes orgies, l'infant régent roi absolu, en dressant procès verbal et engageant les habitants de la capitale à le signer, conduite non-seulement anarchique, mais encore révolutionnaire et criminelle.

Après plusieurs jours, il parut dans le journal du gouvernement, sous le titre d'*article communiqué*, une apparente réprobation de la conduite de la municipalité, lui faisant observer, ainsi qu'aux autres municipalités du royaume, qu'elles devaient supplier S. A. de convoquer les états, pour qu'ils eussent à décider à qui appartenait le trône de Portugal, selon les lois fondamentales de Lamego. La hauteur et le ton décidé de cet article, son objet et son insertion dans un journal tant surveillé par la commission nommée par le ministère, n'a pu laisser aucun doute que ce ne fût l'ouvrage du gouvernement; qu'il contient une doctrine à lui et manifeste le moyen d'arriver son but, c'est-à-dire, vérifier l'usurpation et attenter aux droits de Pierre IV et de son auguste fille, la reine de Portugal, Marie IIe, en faveur de laquelle il a abdiqué.

S'il restait quelque doute à l'égard des intentions des ministres portugais et de la faction usurpatrice, il suffirait de lire les nombreuses et méprisables publications qu'ils tolèrent et protégent, pour connaître leurs fins; il faut donc plaindre l'esclavage et la gêne où se trouvent les bons génies nationaux, car il ne leur est point permis de réfuter de si misérables écrits qui font honte à la patrie et à ses vils auteurs. Éloignés de cette patrie infortunée, nous ne pouvons, comme Portugais, rester indifférents à tant de trahison, et, connaissant la faiblesse de nos moyens, nous descendons dans l'arène pour examiner cette question importante, et chercher à démontrer combien l'on a cité les lois fondamentales de la monarchie abusivement, altérant le vrai sens et prétendant établir des droits qui n'existent pas. Nous traiterons en premier lieu de la réfutation des arguments que l'on a produits contre les droits de Pierre IV, et ceux-ci étant établis et ceux-là réfutés, nous ferons les réflexions qui nous paraîtront justes, tant sur la convocation des trois états que sur la conduite de la municipalité de Lisbonne et celles du royaume.

ARTICLE Ier.

Loi Fondamentale, et Légitimité de Pierre IV.

La seule loi fondamentale de la monarchie portugaise est la Charte constitutionnelle octroyée par Pierre IV, et par elle toute la législation antécédente est de fait et de droit abolie pour tout ce qui lui est contraire. Il faut donc en déduire, que la constitution de Lamego, en accordant que l'édition imprimée que l'on a fait courir soit véridique, ce qu'un grand nombre de critiques de poids regardent comme suspect, vu qu'elle est écrite en un langage latin étranger à celui en usage dans ce siècle, et pour beaucoup d'autres raisons qu'il serait inutile de déduire ici, est devenue un simple monument historique, propre à nous faire connaître le pacte social qui liait nos aïeux à leurs monarques, et le droit public qui régissait ces temps éloignés. Mais puisque la faction apostolique s'obstine à ne point admettre d'autre loi fondamentale, et ne veut reconnaître que les droits qui se fondent sur elle, nous admettrons les principes qu'ils établissent dans cette question importante, et chercherons à démontrer que les conséquences qu'ils en déduisent sont fausses par leur mauvaise logique et leur malignité résolue.

Le principal argument que les ennemis de la Charte proposent contre la légitimité de Pierre IV, et qu'ils prétendent faire valoir comme le plus fort et de tant de différentes manières, est que notre auguste monarque, en qualité d'empereur du Brésil, est prince étranger, et comme tel privé par les lois fondamentales de la monarchie de la succession à la couronne de Portugal, et que celle-ci *ipso facto* échoit à l'infant dom Michel. Dans les lois fondamentales des cortès de Lamego (disent-ils), il fut arrêté « que le royaume ne puisse jamais « appartenir ni passer à une autre personne « qu'un Portugais, établissant à cette fin que « la première fille du roi n'épouserait jamais « qu'un Portugais, et privant de la royauté la « princesse qui se marierait à un prince étran- « ger. »

Admettons, soit, cette stipulation : que prouve-t-elle au fait? La difficulté est de pouvoir accuser comme prince étranger un prince qui naquit Portugais, et cela parce qu'il possède d'autres États et Souverainetés, ou qu'il ceint la couronne d'un autre pays : ne prouvant pas ce principe, la conclusion qu'ils en tirent tombe d'elle-même. Il est clairement démontré que ceci n'est point l'esprit de la loi, car ordonnant expressément que la princesse qui épouserait un prince étranger ne puisse être reine de Portugal, elle ne prive point de la couronne le prince héritier qui épouse la souveraine d'autres États.

Les apostoliques, contents d'établir des principes qui éblouissent les hommes ignorants, ne s'attachent point à citer des faits historiques qui puissent appuyer leurs arguments, ou s'ils les présentent ils sont toujours altérés; car ils savent fort bien que les faits historiques sont le moyen le plus sûr de connaître l'esprit de la loi.

Consultant l'histoire, on ne trouvera pas une seule preuve que la constitution de Lamego considérât comme étranger le prince portugais qui possède des États dans des pays étrangers, mais seulement celui qui y est né, et dans les veines duquel il ne circule pas de sang portugais. Lorsque les intrigues du clergé, favorisées par la cour de Rome, qui dans ces siècles s'arrogeait le plus haut pouvoir et le plus abusif sur les royaumes d'Europe, l'ôtant et le conférant à son bon plaisir, obtinrent de détrôner l'aussi malheureux que vertueux roi Sanche II, le pape Innocent IV arrêta dans le concile Logudunien que les Portugais éliraient un autre roi, pourvu qu'il fût Portugais, selon que le voulaient les lois de ce royaume.

Qui fut élu ? l'infant dom Alphonse, frère du roi. Qu'était à cette époque l'infant dom Alphonse ? comte souverain de Bologne, par son mariage avec la comtesse Matilde, et comme tel sujet du roi de France, à qui il avait fait foi et hommage en qualité de grand feudataire de la couronne ; et, qui plus est, il ne fut point obligé de renoncer à cet État, puisque dans son serment il se donne le titre de comte de Bologne. *Ego Alphonsus, comes Boloniæ, natus claræ memoriæ Alphonsi regis Portugaliæ, promitto et juro* (1). Et si alors la qualité de souverain étranger et de vassal du roi de France ne priva point dom Alphonse de la çou-

____

(1) Voyez, Preuves du Livre 1er de l'Hist. gén. de la Maison Royale, pag. 51.

ronne, alors que la constitution de Lamego était en pleine vigueur ; comment pourra-t-on ne pas reconnaître que dans nos lois fondamentales l'on considère seulement comme prince étranger celui dans les veines duquel il ne circule pas de sang portugais ? Que pourra répondre l'ignorant J. C. C. M., auteur du théorème politique qui a eu l'audace de vouloir résoudre l'importante question portugaise en une demi-feuille de papier. La qualité de citoyen portugais, dit-il, se perd par la naturalisation en pays étranger ! (Enregistré en Cortès de 1641.) Il s'ensuit que, pour ce grand talent, enregistré en Cortès, et loi, c'est la même chose : cela fait pitié ! et y aura-t-il en Portugal beaucoup de monde bon ou méchant qui soit de la même opinion ? nous ne le croyons pas, car nous savons que pour ceux qui connaissent ces lois qu'ils citent sans les comprendre, enregistré en Cortès, n'est autre chose qu'une preuve que les trois États ont demandé au trône, qu'il en fût ainsi décidé, parce que ces Cortès étant consultatives et point législatives, leurs arrêts ne pouvaient pas établir de législation, sans que le monarque les fît constituer en loi, et les promulguât comme telles ; or qu'il n'existe point de loi semblable, cela est hors de doute, attendu que si elle avait existé, elle aurait été soigneusement copiée et citée par ceux qui font pour une simple note un si grand tapage.

« Dom Pierre d'Alcantara (continue J. C.) s'est naturalisé au Brésil quand il se proclama empereur de ce pays, étranger à l'égard du Portugal. »

A de telles assertions, la moquerie serait une réponse condigne, si la plaisanterie convenait à des matières si sérieuses et si délicates. Pierre IV, parce qu'il est empereur du Brésil, s'y est naturalisé ; où l'auteur a-t-il vu cet acte de naturalisation ? Nous voyons au contraire que Jean VI, créant et reconnaissant le Brésil empire indépendant, et conférant à son auguste fils le titre d'empereur de cette partie du monde, par son ordonnance du 15 novembre 1825 (1), était si loin de la pensée des apos-

____

(1) « DOM JEAN, par la grâce de Dieu, Roi du Royaume-Uni du Portugal, du Brésil et des Algarves, etc., etc. A tous nos sujets, salut. Savoir faisons à tous ceux qui ces présentes verront : que, conformément à nos lettres-patentes du 13 mai dernier, par lesquelles nous avons reconnu que, pour le service de Dieu et le bonheur commun des peuples dont la Providence nous a confié le régime, il fallait mettre un terme aux malheurs et dissensions qui désolaient le Brésil, au grand détriment de ses habitants, ainsi que de ceux du Por-

toliques, qu'il établit expressément le contraire, en disant : « Il m'a plu de céder et
« transmettre à mon bienaimé et estimé fils

tugal et ses dépendances ; notre sollicitude paternelle
s'est appliquée constamment à rétablir cette paix , cette
amitié et bonne harmonie qui doit exister entre deux
peuples de la même origine , et qui peut contribuer à
assurer la prospérité générale , l'existence politique et
l'heureux avenir de nos royaumes du Portugal et des
Algarves , ainsi que de celui du Brésil , qu'il nous a
plu d'élever à cette catégorie , par nos lettres-patentes
du 16 décembre 1817, en recevant de ses habitants le
serment respectif de fidélité , à l'occasion de notre cou-
ronnement qui, postérieurement, a eu lieu à Rio de
Janeiro.

« Et voulant anticiper aux habitants des deux États
le bénéfice de cette alliance , concorde et félicité, qui
ont toujours été l'objet de notre tendresse paternelle,
Nous nous sommes décidés à céder et à transférer au
plus cher de nos enfants , dom Pedro de Alcantara,
héritier et successeur des couronnes des susdits royaumes , nos droits sur l'État du Brésil , que nous élevons
au rang d'Empire; en réservant, toutefois, pour notre
Auguste personne le titre viager de son Empereur.

« Cette notre résolution ayant été accomplie par le
traité d'amitié et alliance , fait à Rio de Janeiro, le 29
août dernier, que nous venons de ratifier aujourd'hui,
dans la ferme persuasion qu'il procurera à tous nos sujets (à la connaissance desquels il sera incessamment

« dom Pierre d'Alcantara, héritier et succes-
« seur de ces royaumes, etc.

Voici une autorité qui n'est point suspecte,

---

porté), tous les biens et avantages qu'ils devaient at-
tendre de notre sollicitude paternelle, nous prenons,
en effet, le titre viager d'empereur du Brésil, et NOUS
RECONNAISSONS LE PLUS CHER DE NOS FILS,
DOM PEDRO DE ALCANTARA (PRINCE ROYAL
DU PORTUGAL ET DES ALGARVES), EN SA
QUALITÉ D'EMPEREUR DU BRÉSIL, avec toute
la souveraineté sur cet Empire.

« En conséquence, nous porterons dorénavant ce
titre viager, avec le traitement qui appartient à cette
dignité; et nous ordonnons qu'aux formules suivies
jusqu'ici dans l'expédition des lois, lettres-patentes et
autres diplômes quelconques, soient substituées celles
ci-après mentionnées.

(Suivent les nouvelles formules).

« Nous voulons et ordonnons que cette loi, que
nous signons déjà sous le titre d'Empereur et Roi, soit
observée sans obstacle ou difficulté de quelque nature
qu'ils soient : et nous donnons en mandement à tous
nos tribunaux, etc., etc., etc., ainsi qu'à toutes les autorités civiles, militaires et criminelles de ces royaumes et leurs dépendances (qui auront à faire enregis-
trer, publier et exécuter cette loi), de la garder et
observer selon sa forme et teneur, nonobstant toutes
les lois, édits, réglements, *Arréts des Trois-États*,
dispositions et usages à ce contraires : car nous avons
dérogé à tous par ces présentes.

ni à mépriser : Jean VI déclara expressément que son auguste fils est le successeur légitime de ces royaumes, et pour corroborer encore ces droits, il ne dit point qu'il reconnaît l'indépendance du Brésil, mais il l'a créée, et pour montrer que cette indépendance est son ouvrage, et point celui de la révolution, il conserve le titre d'empereur.

A la vue de ce diplôme, qui pourra nier que dom Pierre se trouve rigoureusement dans le cas du fils d'un riche administrateur de majorat, à qui le père cédant pendant sa vie une partie de son bien pour en jouir librement, après sa mort, n'a pu, par aucune jurisprudence, être privé d'y ajouter le reste de l'héritage ? Et comment supposer que ceci soit contre la loi fondamentale, lorsque Alphonse III, seigneur d'un État, et feudataire en pays étran-

---

« Le docteur Jean de Mattos e Vasconcellos Barbosa, conseiller au *Desembargo do Paço*, et grand chancelier de ces royaumes, les fera publier à la chancellerie, etc., etc., etc.

« Donné au palais de Mafra, le 15 novembre 1825.

« *Signé*, EMPEREUR ET ROI.

« *Contre-signé*, JOSEPH JOACHIM DE ALMEIDA E ARAUJO CORREA DE LACERDA. »

ger, a pu sans offense être roi de Portugal? Si ce monarque n'a pas été jugé étranger devant la loi, comment pourra l'être celui qui règne dans un pays qui a fait partie de la monarchie portugaise, et qui n'est point, comme l'autre, sujet d'un roi étranger? Est-il croyable que les sectaires de l'apostolicisme, après huit siècles, comprennent mieux l'esprit de la constitution de Lamego que les neveux de ceux qui l'ont jurée et qui vivaient en des temps aussi proches? certainement personne ne le croira, et l'histoire de Portugal parle hautement en notre faveur. Passons à d'autres exemples.

Le roi Alphonse V, en épousant en secondes noces la reine Jeanne, et allant célébrer leurs fiançailles dans la ville de Plazentia, lui et son auguste épouse y furent proclamés rois de Castille, de Léon et de Portugal (1). Que les défenseurs de l'éligibilité de dom Michel répondent; Alphonse V a-t-il été jugé monarque étranger, parce qu'il était en même temps roi de Castille et de Léon? a-t-il pour cela cessé de gouverner le Portugal? Tout au contraire, de Castille même

______

(1) Chronique d'Alphonse V, par Rui de Pina. — Chronique d'Alphonse V, par Duarte Nunes de Leao, chap. 51, pag. 182.

il envoya des décrets pour ce royaume, à l'accomplissement desquels il n'y a pas eu l'ombre de doutes (1). Comment donc établir que les lois fondamentales, qui n'ont point empêché Alphonse V de réunir trois couronnes, empêchent Pierre IV de réunir celles de Portugal et du Brésil? Alphonse V n'a pas cessé d'être regardé comme Portugais après avoir été proclamé roi de Castille et de Léon, et Pierre IV comment peut-il être considéré comme étranger pour avoir été proclamé empereur du Brésil? Alphonse V possédant d'autres États, et résidant hors du royaume, a pu en expédier ses ordres royaux en Portugal, et Pierre IV ne pourrait pas le faire? D'où peut naître cette différence? Si elle existe, elle est toute en faveur de Pierre IV, tant par sa légitimité que par sa conduite. Par sa légitimité, parce que Pierre IV n'est point devenu, comme Alphonse V, souverain d'un pays qui était déjà étranger. Le Brésil était un État portugais, et considéré comme partie intégrante de la monarchie lusitanienne, jusqu'au

---

(1) Voyez la lettre d'Alphonse V, datée de Touro, le 5 janvier 1476, déclarant le prince dom Jean, son fils, son successeur : *Palais des Archives royales.*

moment de son indépendance ; et même après, personne ne pourra dire qu'elle est restée telle- ment séparée de la métropole, que Jean VI ne conservât sur cet empire le droit dominical ; car, sans contredit, il prenait le titre d'em- pereur du Brésil, sous lequel titre on traça, jusqu'au moment de sa mort, tous les diplômes publics qui ont circulé, non-seulement en Portugal, mais dans toute l'Europe. Par sa conduite, parce que Pierre IV, par son acte d'abdication, revalidé le 3 mars de cette an- née (1), fait connaître son intention de ne pas

---

(1)   *Acte d'abdication de dom Pedro.*

« Le moment déterminé dans ma haute sagesse étant arrivé de compléter mon abdication de la couronne de Portugal, conformément à mon rescrit royal du 3 mai 1826, et l'intérêt de la nation portugaise, toujours ja- louse de son indépendance, demandant instamment que je lui donne une preuve irrécusable de mon désir de la voir à jamais séparée de la nation brésilienne (dont je tiens à honneur et suis fier d'être souverain) d'une manière qui rende impraticable toute idée de réunion, il me plaît, par un acte de ma libre et spon- tanée volonté, après avoir mûrement pesé une affaire aussi importante, d'ordonner, comme j'ordonne par ce décret royal, que le royaume de Portugal soit gou- verné, au nom de ma très-aimée et chérie fille dona

réunir les deux couronnes. Les circonstances qui ont concouru chez Alphonse V sont bien différentes : en premier lieu, parce qu'il accepta les couronnes de Castille et de Léon, qui

---

Maria II, qui en était déjà reine, selon la Charte constitutionnelle par moi décrétée, octroyée, soumise au serment et jurée; en outre de déclarer très-expressément que je n'ai plus aucune prétention ni droit à la couronne de Portugal et ses domaines. Que l'infant dom Miguel, mon très-aimé et estimé frère, régent des royaumes de Portugal et des Algarves, et mon lieutenant dans ces royaumes, le tienne pour entendu, et le fasse publier et exécuter.

« Palais de Boa-Vista, 3 mars 1828, avec la signature S. M. le roi.

« Pour copie conforme,

« *Signé,* BENTO DE SILVA LISBOA. »

N. B. Ce décret n'a pu être mis à exécution par suite des derniers événements survenus en Portugal, et qui ont précédé l'usurpation; il est donc resté sans effet *ipso facto,* non-seulement parce que les prémisses sur lesquelles il se fonde ne se sont point vérifiées, mais encore par le défaut d'une personne qui le mît en exécution; car il est adressé au lieutenant du roi pour le faire exécuter; mais cette autorité n'existe plus en Portugal depuis que l'usurpation s'est vérifiée. Voici

étaient déjà des royaumes étrangers ; en second lieu, parce que, réunissant trois couronnes, il n'abdiqua jamais le gouvernement de Portugal; et il abdiqua si peu, que même après être parti

---

les motifs pour lesquels les ministres plénipotentiaires de S. M. l'Empereur du Brésil, ont fort habilement suspendu l'effet de ce diplôme, par la circulaire suivante :

« En conséquence des changements qui ont eu lieu
« dernièrement en Portugal, les prémisses sur lesquel-
« les se fonde le décret du 3 mars dernier, relative-
« ment à l'abdication de la couronne de ce royaume,
« par S. M. Pierre IV, ne pouvant se vérifier, et vu
« que le décret mentionné ne peut avoir à présent,
« en Portugal, son exécution régulière et légale, par
« le défaut de la formalité indispensable de l'accepta-
« tion de ladite abdication, laquelle, vu la minorité
« de S. M., devrait être faite au nom auguste de la
« reine dona Maria da Gloria, par les cortès de ce
« royaume, constituées par le roi Pierre IV ; qui sont
« la seule autorité compétente pour des actes sembla-
« bles; nous regardons l'effet du susdit décret comme
« suspendu, jusqu'à la détermination ultérieure
« de S. M.

« Alors, en conséquence de ces événements impré-
« vus, et de ces considérations importantes, nous pre-
« nons la résolution de ne point communiquer officiel-
« lement, comme il nous était ordonné, le susdit
« décret aux cortès respectives, par-devant lesquelles

pour la France, pour y prendre l'habit religieux, et après que par ce fait le prince dom Jean s'était proclamé roi, le 10 novembre 1477, il retourna peu de jours après en Portugal, et reprit possession du royaume. Continuons à consulter l'histoire, et à chaque page, par ses exemples, elle nous fournira des armes pour anéantir les sophismes des ennemis de Pierre IV.

Dans l'année 1498 on délibéra en cortès que dom Emmanuel qui était marié avec la reine Isabelle, héritière des couronnes de Castille, Léon et d'Aragon, irait en Castille pour y être déclarés, comme ils le furent en effet, héritiers et successeurs de ces royaumes. Comment cela se fait-il? les cortès de 1498 étaient-elles si peu informées des lois fondamentales de

---

« nous nous trouvons accrédités, et nous empressons
« d'informer V.…. de la détermination que nous avons
« prise, afin qu'elle soit observée par toutes les léga-
« tions impériales dans la conformité nécessaire, à
« l'égard de l'ordre mentionné, transmis par dépêches
« de la secrétairerie d'état des affaires étrangères, et
« daté de Rio de Janeiro, le 4 mars de cette année.

« *Signé*, Le marquis de Rezende.

« Le vicomte de Jtabayana. »

Portugal, que non - seulement elles jugèrent que dom Emmanuel ne perdait pas la qualité de Portugais en héritant des royaumes de Castille, Léon et Aragon, mais encore le supplièrent de prendre toutes les mesures pour s'assurer légalement la possession d'un si riche héritage! Quelle faute nos écrivains factieux ont commise dans cette assemblée pour expliquer les lois de Lamego! Encore un exemple, et que celui-ci soit le dernier, pour démontrer d'une manière incontestable, que ce que nos ancêtres entendaient par les paroles *prince étranger*, n'est point d'accord avec le sens que les partisans de la faction usurpatrice prétendent lui donner. Le prince dom Michel de la Paix, fils du roi Emmanuel, naquit à Saragosse le 24 août de 1498, et fut immédiatement déclaré héritier des royaumes de Castille, Léon et Aragon. Nous demandons, que firent les cortès de Portugal réunies à Lisbonne le 7 de mars de 1499? Ont-elles déclaré ce prince, né en Aragon, inhabile à gouverner le Portugal, et étranger? Bien au contraire, sans opposition elles le déclarèrent héritier des royaumes de Portugal et des Algarves; et le roi Emmanuel, par son ordonnance du mois de mars de 1499, a prescrit la forme par laquelle le prince dom Michel devrait gouverner quand il succéderait aux uns comme aux autres royaumes. Il est donc clairement démontré que ni la possession d'autres couronnes, ni être sujet d'un autre roi, ni même la naissance en pays étranger, ne faisaient aux yeux de nos aïeux, ni à la face des lois de Lamego, perdre la qualité de Portugais à un prince, et que seulement l'absence de sang portugais le constituait étranger; par conséquent Pierre IV, qui est fils d'un roi portugais, né en Portugal, et régnant sur un État qui a fait partie de la monarchie portugaise, ne peut être jugé prince étranger.

Passons à un autre argument favori des absolutistes.

ARTICLE II.

Guerre du Brésil.

La guerre du Brésil et sa révolution sont un autre argument, que les ennemis de la liberté produisent avec opiniâtreté pour démontrer que Pierre IV ne peut être roi de Portugal, et ils se réfugient dans ce château de sûreté quand ils se trouvent battus par les arguments péremptoires qui détruisent leurs sophismes. « Un « prince (disent-ils) qui révolutionna le Brésil, « qui déclara la guerre à la métropole, qui « usurpa cette couronne à son père, a perdu

« son droit à la couronne, et ne peut pas
« être roi de ces royaumes d'après la loi fonda-
« mentale »

Laissons la loi fondamentale citée à tout propos, et presque toujours hors de propos, et voyons si cette objection est plus solidement établie que l'antécédente. En premier lieu, quelle est la loi de la constitution de Lamego qui en décide ainsi; et où trouve-t-on des faits extraits de l'histoire portugaise, qui du moins paraissent favoriser une aussi audacieuse assertion ? En second lieu, comment les misérables ennemis de Pierre IV se hasardent-ils à l'accuser d'une imputation aussi grave? A-t-il été par hasard l'auteur de la révolution du Brésil? Non certainement. La révolution s'est communiquée comme un incendie du Portugal au Brésil, qui, étant une colonie adulte, était, comme toutes celles qui se trouvent dans un pareil état, disposée à l'indépendance. Il est faux que Pierre IV l'ait excitée, puisque c'est lui qui a empêché qu'elle ne fût aussi loin que dans les États qui l'avoisinent, et sans son intrépidité et son activité personnelle, le Brésil formerait une république de plus en Amérique. Sans nous perdre en de vaines paroles, appelons-en à l'Europe entière, qui est contemporaine des derniers événements survenus.

Ce prince, obligé d'opter entre la souveraineté du Brésil et la perte totale de cette colonie, a pris le parti le plus prudent, et disons même le plus généreux, préférant se placer à la tête de la révolution pour la diriger et la modérer, se déclarant défenseur perpétuel du Brésil, plutôt que de fomenter les germes du désordre et de l'anarchie qui feraient la ruine de cet empire. Ceci ne fut même pas usurpation, comme affectent de le croire les apostoliques; ce fut au contraire un acte de louable obéissance aux instructions données par son auguste père, en partant de Rio de Janeiro pour le Portugal, instructions par lesquelles il lui recommandait très-expressément qu'au cas où une séparation inévitable se présenterait, il se mît en mesure d'occuper le trône avant qu'il ne le vît occupé par quelque aventurier (1).

Pierre IV a rappelé ces instructions à Jean VI dans une lettre qui a été lue publiquement dans

---

(1) » Pierre, si le Brésil se sépare, que ce soit plutôt pour toi, qui me respecteras, que pour quelqu'un « de ces aventuriers ». Voyez *A letter to the marquis of Landsdown, on the affairs of Portugal and Spain, by W. Walton,* pag. 37.

une des séances des cortès, et qui a circulé avec tous les autres documents, sans que dans aucun temps ce monarque réfutât ce que son auguste fils avait si positivement assuré, ce qui prouve évidemment l'existence des faits. Rappelons ici la peine que les Brésiliens ont eue pour décider Pierre IV à accepter la couronne. Des supplications des municipalités, des représentations de celle de Rio de Janeiro, des prières de ses sujets, et les instances de ses propres ministres, furent long-temps inutiles. Nous défions qui que ce soit de nous montrer un seul document sorti des secrétaireries brésiliennes, ou des autorités constituées, qui ordonne aux municipalités de proclamer Pierre IV : ce honteux exemple était réservé à d'autres temps, et pour un autre pays !

Cependant (disent les factieux) il déclara la guerre à la métropole. Non (disons-nous), il repoussa par les armes, et dans une guerre juste, les invasions qui ont été dirigées et ordonnées contre son empire, par ceux qui par leur fantasque et absurde projet de reconquérir le Brésil, voulaient le faire redescendre de l'état de royaume, auquel il avait été élevé, à celui de colonie. Mais supposant, sans l'accorder, que Pierre IV puisse être blâmé comme fils et comme sujet, que pourrait-il en résulter au préjudice de ses droits à la couronne de Portugal selon les usages et les lois de la monarchie? Rien, absolument rien. Aurait-il été le premier prince portugais qui eût pris les armes contre son père? Ceux qui l'ont fait ont-ils été privés et déshérités de la succession du royaume? Il est positif que non : dès-lors quel est l'effet de cet argument contre Pierre IV? Qui a constitué les apostoliques juges dans cette cause, et dans quel but allèguent-ils les lois fondamentales? Alléguons-leur donc l'histoire de Portugal, qu'ils n'ont jamais lue, à ce qu'il paraît. Les exemples convainquent plus que les arguments, et par les faits nous verrons si quelques-uns des princes qui prirent les armes contre leurs pères, furent privés de régner.

Alphonse IV, fils du roi Denis, prit les armes contre son père, et alluma une guerre civile qui désola tout le royaume; les deux partis ont combattu avec tout l'acharnement raconté dans la chronique du roi Denis : nous la copierons pour qu'on ne nous accuse pas d'exagérer, nous respecterons les phrases d'un historien sage, et dont la véracité n'est point douteuse. « Le roi savait que c'était afin que « son fils s'en vengeât et vint sur lui : ce qui « lui fit écrire aux populations de ne pas se

« laisser tromper par les fausses paroles de
« l'infant, parce que le rassemblement qu'il
« voulait faire était pour lui tenter la guerre ;
« en même temps, le roi fit déclarer comme
« traîtres tous ceux qui prendraient le parti
« de l'infant, quoiqu'ils fussent ses vassaux,
« contre lesquels il procèderait comme contre
« ceux qui prenaient les armes et trahissaient
« leur roi et seigneur ; il ordonna à toutes les
« justices de les tuer sans peine partout où
« elles les trouveraient, et il défendit qu'on
« accueillît l'infant dans aucune ville ni châ-
« teau, de ne point lui donner de vivres, ni
« aux siens, mais de les traiter comme des en-
« nemis du roi, et, pour agir secrètement, il
« éloigna de lui la reine, et l'envoya à Alem-
« quer, pour qu'elle ne donnât point d'avis à
« l'infant.

« Pendant ce temps, le roi venant à savoir
« que ceux de Leiria avaient laissé entrer l'in-
« fant, et qu'il avait le château, s'y rendit très-
« irrité, dans l'intention de brûler tous ceux qui
« avaient été causes de l'entrée, et en arrivant
« à Alcobaça, il y trouva les autres qui se ré-
« fugièrent dans le monastère.

« Le roi, mettant de côté toute la vénération
« due aux autels et aux tombeaux des rois, les
« fit sortir pour les juger. Pendant ce temps il

« lui arriva un message que l'infant était en-
« tré par la force à Alcaçar de Santarem ; mais
« l'infant, redoutant la colère et la puissance
« du roi, s'enfuit à Torres Novas, où l'on dit
« qu'il fut à l'enterrement d'Alphonso Vaz Pi-
« mentel, qui était un de ses gentilshommes.
« Dès que le roi arriva à Santarem, il ordonna
« de suite à Lourenço-Annes Redondo, qui
« était en sa faveur à Alcaçar de Leiria, de
« mutiler et de tuer immédiatement tous ceux
« qui consentirent à livrer la ville à l'infant,
« ce qui fit qu'il mutila et brûla neuf des prin-
« cipaux hommes de la ville, et le roi fit re-
« tourner à l'église ceux qu'il avait pris à Al-
« cobaça, ému de la religion de cette demeure
« dont il était fort dévot. L'infant partit de
« Torres Novas pour Thomar, où ne trouvant
« ni vivres ni fourrages, s'en fut à Coimbra et
« s'empara du château, et puis, de celui de
« Montemor-le-Vieux. De là l'infant fit appe-
« ler dom Pierre, son frère bâtard, qui était
« exilé à Castille, pour qu'il vint à la ville de
« Porto où il allait, et l'infant en s'y rendant,
« prit en chemin le château de Feira, qui
« était dans le pays de Sainte-Marie, et dont
« était alcade du roi, Gonçalo Roiz de Mace-
« do. Ensuite il prit le château de Gaïa, dont
« était alcade Gonçalo de Pires Ribeiro, puis

« il fut à Porto, le prit, et où le comte dom
« Pierre est venu le rejoindre; depuis lors il
« l'accompagna toujours. De Porto il fut à la
« ville de Guimaraes, qu'il investit, persuadé
« par un Martim-Annes de Briteiros, qu'il y
« avait des intelligences, et qu'il la lui ferait
« rendre; mais il y trouva pour défenseur Mem
« Roiz de Vasconcellos, qui avait avec lui un
« fort parti, et quoique l'infant l'éprouva par
« beaucoup de paroles douces, de grandes pro-
« messes et des faveurs, et ensuite par des
« menaces de mort et d'autres peines, lui,
« comme homme courageux et loyal, ne vou-
« lut point lui livrer le château, et lui répon-
« dit que pendant que le roi son père vivrait,
« à qui il avait fait hommage, il ne lui livre-
« rait pas la ville, et qu'il mourrait en la dé-
« fendant.

« Le roi sachant que l'infant investissait
« Guimaraes avec beaucoup de monde qu'il
« réunit de l'Estramadure, se lança sur Coim-
« bra qui était en faveur de l'infant, et l'in-
« vestit. L'infant vint à la ville, et se reposa à
« Santa-Cruz. Le roi voyant que l'infant re-
« tardait la concorde, vint à S.-Francisco,
« où l'on fit beaucoup de tort aux oliviers et
« de dommage aux environs. Là se rencontrè-
« rent de part et d'autre tous les nobles de

« Portugal ; il y avait des disputes qui ame-
« naient des escarmouches, où il mourait
« beaucoup de monde, et où quelquefois,
« comme il arrive dans les guerres civiles,
« comme celle-ci, les pères tuent leurs en-
« fants, et les frères leurs frères. »

Voici ce que nous apprend la chronique ;
d'où l'on peut établir l'existence d'une guerre
redoutable, longue et exterminatrice, entre
l'infant dom Alphonse et son père le roi Denis,
et l'histoire nous certifie en même temps que
ce prince n'en fut pas moins le quatrième Alphonse et le septième roi de Portugal; d'où il
faut conclure par une induction nécessaire en
bonne logique, et par une force de raisonnement, que ni les lois fondamentales, ni les
exemples que le fait nous présente, n'autorisent
les arguments de la faction apostolique. Dès-
lors, quand même il existerait la simple oc-
currence de la guerre, Pierre IV ne pourrait
pour ce motif être privé de la succession de la
couronne de ces royaumes.

Démontrant en thèse que la simple occur-
rence de la guerre ne le prive pas de la succession, observons le cas dans l'hypothèse de la
guerre entre le Brésil et le Portugal, et nous
trouverons alors, que, si le fait arrivé entre
l'infant dom Alphonse, et son père le roi Denis,

ne priva pas ce prince de la succession à la couronne de Portugal , avec une plus grande raison et une différence extraordinaire , dom Pierre ne peut ni ne doit en être privé. Exposons la différence.

Dans la guerre qui a eu lieu entre l'infant dom Alphonse et le roi son père, il y a eu désobéissance manifeste de la part du fils, condamnée par la loi respectable de la nature, et une incontestable rebellion de vassal, ce que toutes les lois civiles réprouvent. Passant du fait dans son essence à l'examen des circonstances qui l'accompagnèrent , nous trouverons alors, que l'infant séduit et abusé par une bande de malfaiteurs pervers, et gens entièrement démoralisés, commit les plus grands excès (nous n'avançons rien, c'est l'histoire qui parle), les plus grandes infamies et les plus grandes atrocités contre son père , son roi et seigneur. Ah ! quels terribles résultats, quelles funestes conséquences sont communément celles qui prennent leur origine dans la société, les exemples, la séduction, et l'influence des scélérats ! Dieu préserve toujours les princes de l'haleine empestée de tels monstres !

La guerre entre le Brésil et le Portugal a été sans taches, et exempte de tous ces nuages sombres et affreux. Il y a eu guerre de pays à pays ; mais cette guerre n'a point été inspirée par des malfaiteurs, ni allumée par d'atroces animosités ; pas un fils ne s'est battu contre son père, et les vassaux n'ont point combattu leur souverain. Il y a eu des hostilités, mais il n'y a pas eu de férocité. L'humanité a gémi ; elle n'a point tremblé, et rien n'a fait honte à la nature. Oui, nous le répétons ; Pierre IV, dans cette guerre, s'est toujours montré sujet respectueux, et fils obéissant : il n'a point excité la révolution, il n'a point allumé le flambeau de la guerre, et quand des circonstances impérieuses et inévitables le firent empereur et défenseur perpétuel du Brésil, il a fait ce qu'il devait faire pour éviter la guerre entre les deux pays dont les intérêts, les opinions et le système depuis lors sont devenus si différents.

L'empereur devait-il être parjure à la foi promise aux Brésiliens ? Le défenseur perpétuel du Brésil devait-il livrer les sujets de ce pays aux chaînes du despotisme ? Les apostoliques le voulaient ; mais qu'il soit dit, dans ce siècle dépravé, en l'honneur d'un petit nombre, qu'il y a encore des hommes qui respectent l'inviolabilité du serment, qui apprécient la parole d'honneur, et qui rougissent de paraître à la face du monde avec le sceau du parjure. Poursuivons.

L'infant dom Pierre, profondément affligé de l'assassinat de Ignez de Castro, et désireux de venger son sang à tout prix, se réunit à dom Alvaro et à dom Fernando de Castro, frères de son amante, prit les armes, appela du monde surtout en Galice, où ceux-là étaient fort puissants, et entra en Portugal mettant tout à feu et à sang. Beaucoup de populations furent brûlées, des châteaux pris d'assaut, beaucoup d'endroits ont souffert, et la ville de Porto même eût été envahie et mise au pillage, si l'infant n'avait cédé aux prières de l'évêque, vieillard respecté, et pour qui l'infant avait une grande estime. Finalement cette guerre s'éteignit dans des torrents de sang portugais; mais dom Pierre ne trouva pas pour cela d'obstacles à l'héritage du trône de son père, et n'en fut pas moins un des monarques qui l'occupèrent le plus dignement.

Enfin, si la guerre du Brésil a fait perdre à dom Pierre le droit d'hériter du Portugal, comment la faction usurpatrice qui prononce une sentence aussi sévère peut-elle parler d'élever au trône l'infant dom Michel, qui, par de plus grandes raisons encore (selon la jurisprudence factieuse), doit être privé de la succession, comme chef de la conspiration du funeste 3o avril 1824, contre son auguste père et seigneur? Par quelle raison dom Pierre, qui accepta l'empire du Brésil du consentement de son auguste père, doit-il être privé de la couronne de Portugal, ainsi que sa fille Marie II, qui naquit au Brésil quand il faisait partie intégrante de la monarchie portugaise, tandis que dom Michel, après une rebellion aussi criminelle contre son père, est jugé habile à y succéder, malgré toutes les lois fondamentales que les apostoliques nous citent? Mais n'y revenons pas, le motif est patent à tous les jugements. Pierre IV a octroyé et décrété une Charte constitutionnelle, qui doit faire le bonheur de la nation et réprimer les abus, et dom Michel, malheureusement entouré du rebut et de la lie de la méchanceté, nous promet un système d'iniquité et d'oppression pour faire prospérer l'absolutisme, qui opprimera le peuple en son nom.

ARTICLE III.

Réfutation de quelques sophismes publiés à Lisbonne par les écrivains achetés par la faction usurpatrice.

Parmi les abjects folliculaires qui font honte au Portugal dans cette époque d'opprobre, aucun ne mérite une place aussi distinguée que les rédacteurs de *la Trompette* et de *l'É-*

toile. Le style, la logique et les doctrines, tout est de la même trempe; leurs efforts inutiles pour trouver des prétextes qui puissent pallier l'injustice, peuvent se comparer à ceux qui font naufrage au moment de se noyer, et qui pour se sauver emploient tous leurs efforts pour se soutenir sur l'eau, saisissant les plus faibles arbustes sur des plages escarpées, qui, cédant à leur poids, se déracinent et sont submergés avec eux! Prenons donc la peine fastidieuse de réfuter quelques-uns des paradoxes de ces écrivassiers, dont les doctrines, à peu de différence près, sont les mêmes que celles de tous les autres écrivains du parti influent, et dont les publications, par leur vol mesquin, ne peuvent sortir de l'embouchure du Tage.

La Trompette, dans son numéro 59, dit : « L'infant a écouté la voix de son peuple, qui « lui demande d'annuler un prétendu acte « constitutionnel, créé en quatre jours, dans « un pays étranger, et qui change arbitraire- « ment l'ordre d'hérédité au trône portugais. » Tout est faux dans cette assertion, et les faussetés sont faciles à vérifier. En premier lieu, il est faux que la nation portugaise ait demandé à l'infant régent d'abolir ou d'annuler la Charte constitutionnelle, qu'elle avait bien au contraire reçue avec les marques publiques de la

plus grande joie et reconnaissance, au point
que le gouvernement n'a pu l'étouffer, malgré
tous les efforts tentés pour y parvenir. En outre,
la nation portugaise était légitimement repré-
sentée à la chambre des députés librement élus,
et à la chambre héréditaire, composée de la
noblesse et du clergé, et comme ces deux
chambres seules pouvaient exprimer les vœux
de la nation portugaise et qu'elles n'ont point
fait une telle demande, il s'ensuit que l'assertion est fausse. Il est également faux que l'infant régent ait aboli la Charte, car, en dissol-
vant la chambre élective, quoiqu'il le fît sans
cause et séduit par le parti qui le domine, il a
cependant usé d'une prérogative que le pouvoir
modérateur lui accorde : mais il n'a pas aboli
la Charte et ne pouvait point le faire, car elle
avait été promulguée par un pouvoir supérieur
au sien, qu'il a lui-même reconnu, auquel il
a obéi comme premier sujet et délégué du roi
son frère. Il est faux enfin que la Charte change
l'ordre d'hérédité au trône de Portugal, car elle
l'établit de père en fils par ordre de primogéniture, comme la constitution de Lamego (1).
« Cette couronne ne pouvait dans aucun cas

---

(1) Voyez Charte constitutionnelle, chap. 4, tit. 5,
art. 86 et suivants.

« revenir à la jeune princesse dona Marie,
« quoique l'on admît les droits de son père. »
(*Trompette*, *ibid.*) Bien au contraire, quoique
l'on admît que Pierre IV, acceptant la couronne
du Brésil, fût devenu étranger, la couronne
ne pouvait jamais manquer de revenir à Marie II,
qui naquit au Brésil quand il faisait partie intégrante de la monarchie portugaise, et plusieurs années avant son indépendance : mais
comme dans l'article II nous avons déjà clairement démontré, par l'exemple du prince dom
Michel, né à Saragosse, que chez nous le prince
né de sang portugais est toujours Portugais devant la loi, nous ne répèterons pas des arguments sans réponse. « Aux états de Lisbonne,
« convoqués en 1641, lors de la restauration du
« royaume, comme le furent ceux de Lamego
« à sa fondation, le roi et le peuple, unis, ar-
« rêtèrent d'accord et de la manière la plus ab-
« solue et intime, et dans l'intérêt de l'État et
« du prince, les conditions de naturalisation et
« l'ordre d'hérédité ; il fut dit, d'accord avec
« le premier contrat : Que la succession du
« Portugal ne pourrait jamais revenir à un
« prince étranger ni à ses enfants, ceux-ci fus-
« sent-ils les plus proches parents du roi le
« dernier possesseur. » (*Trompette*, *ibid.*)
Ce qui veut dire, comme nous l'avons dé-

montré plus haut, que la succession ne pouvait revenir à un prince qui ne serait pas né du sang portugais, comme l'étaient en effet les Philippe, à qui il est fait allusion ici ; et, dans le fait, Philippe II était le plus proche parent du roi cardinal, mais il n'avait point de sang portugais. « Et l'on ajouta à cette condition fonda-« mentale, qu'au cas où le roi de ces royaumes « serait appelé à la succession d'une autre cou-« ronne ou d'un plus grand empire, il serait « obligé de résider en Portugal ; s'il avait deux « enfants mâles, l'aîné irait régner dans le « royaume étranger et le second en Portugal, « et que ce dernier seulement serait reconnu « héritier et successeur légitime. » (*Trompette, ibid.*)

Voici le moment de prouver une proposition que nous avons légèrement abordée plus loin, c'est-à-dire, qu'une délibération des anciennes cortès, pour cela qu'elles n'étaient pas législatives, n'a pu avoir un effet légal sans une loi qui l'arrête. Y aurait-il, comme dans cet enregistrement cité par *la Trompette*, une réponse du monarque qui l'approuve ; la loi est nécessaire, et il n'y a pas de législation sans elle ; et que, outre les chapitres et réponses, la loi est absolument nécessaire : cela s'entend par les réponses mêmes de Jean IV, parce que

dans toutes les siennes et à chacun des trois
états il termine de la manière suivante : « Je
« ferai faire la loi selon la formule qu'avait
« ordonnée Jean III, avec la modération et les
« déclarations que je jugerai convenables au
« bien commun du royaume. ».

L'on peut évidemment conclure de cette réponse (et quoique nous ne l'eussions pas su),
que la loi est essentiellement nécessaire pour
mettre en vigueur la matière examinée dans les
chapitres, d'autant plus qu'ils peuvent être
altérés comme le fait entendre ladite réponse,
lorsqu'elle dit : « Avec la modération et les dé-
« clarations que je jugerai convenables au bien
« commun du royaume. » Et en effet, en décision d'une réplique de la noblesse, pour ordonner la loi comme il convenait ; il fut nommé les docteurs Thomé, Pinheiro da Veiga,
Luis Pereira de Castro, Jorge de Araujo Estaço,
et Antonio Viegas. La loi cependant n'a jamais
paru et ne fut jamais promulguée, comme le
savent bien ceux qui rédigent les opinions des
Trompettes. Il est si vrai qu'elle n'a pas existé,
que cela est prouvé par le chapitre second des
mêmes cortès, et par la réponse qui s'y réfère ;
la voici : « Et que plaisant à votre majesté,
« qu'il soit fait cette loi sur la succession du
« royaume, elle soit incorporée dans le volu-

« me de ses ordonnances, pour qu'elle soit,
« de cette manière, divulguée et notoire,
« non-seulement parmi les nationaux, mais
« encore parmi les étrangers ! » Réponse de
S. M. « Je le ferai faire ainsi dans la nouvelle
« compilation des ordonnances du royaume ! »
Et où sont ces ordonnances ? Quand a-t-on
fait cette nouvelle compilation ? non-seulement
la nouvelle compilation n'a pas eu lieu, mais
il n'y a pas eu de nouvelles ordonnances, et
ce fut Jean IV même qui, par une loi du 29
janvier 1643, confirma les ordonnances des
Philippe qui sont celles qui sont aujourd'hui
encore en vigueur.

Il est donc démontré que ces chapitres des
cortès et leurs réponses compétentes ne furent pas sanctionnés par une loi, et ne l'ayant pas
été il est par là même évident qu'ils ne peuvent être en vigueur ni avoir un effet législatif;
et au cas même qu'ils eussent été convertis en
loi, ils ne prouveraient jamais que le royaume devait échoir à l'infant dom Michel, car
ce n'est pas Jean VI qui cumula deux couronnes, mais bien Pierre IV, et c'est seulement
aux enfants de celui-ci que l'on pouvait appliquer le partage des royaumes.

La Trompette poursuit. « Il est donc vrai
« de dire que des protocoles insignifiants, des

« décisions passionnées , des ordonnances illé-
« gales , ne peuvent constituer la légitimité. »

En effet , c'est payer d'audace une extrème
ignorance ! ces protocoles, appelés insignifiants,
ne sont rien moins que les décisions de Trop-
pau , de Leybach et de Vienne , qui forment
le droit public d'Europe , et que toutes les
têtes couronnées ont statués et reconnus soit clairement ou tacitement, comme la base de leur
sûreté et du maintien de la paix générale. Par
ce droit public ont été abolies toutes les raisons qui s'y opposaient , et les grandes puissances autorisées à intervenir dans les affaires
des États qui voudraient les enfreindre. Fondé
sur ce droit , Louis XVIII a occupé l'Espagne
avec cent quarante mille hommes , et les armées
autrichiennes , Naples et le Piémont ; fondées
sur ce droit , les grandes puissances rendront
au Portugal leur roi légitime , et coopèreront
à délivrer ce royaume malheureux des serres
des factieux et des usurpateurs.

« Dom Michel , comme lieutenant de dom
« Pierre, est agent révocable ; la question est
« toujours la même : c'est la colonie qui régit
« la métropole, et également un prince étran-
« ger absent qui gouverne de fait. » (*Trom-
peite, ibid.*)

Voici le raisonnement des misérables folliculaires salariés. Le Brésil n'est point aujourd'hui une colonie, ni le Portugal sa métropole. La première assertion est aussi fausse que la seconde, car le Brésil ne régit point le Portugal; celui-ci est gouverné par une constitution différente de celle du Brésil; il a un centre de pouvoir exécutif, et ses charges civiles et militaires sont exclusivement exercées par des Portugais; dès-lors il est royaume indépendant et séparé. Il n'est rien changé à l'état des choses, parce qu'il appartient au même monarque, excepté si à Lisbonne, où tout est confusion, il règne une logique différente de celle des autres pays. Quant au reste de la période, nous avons déjà prouvé que Pierre IV n'est pas étranger, et son absence n'est point un obstacle pour régner, comme l'on voit par les exemples de dom Alphonse, dom Emmanuel, et du prince dom Michel, s'il était devenu roi. Nous ajouterons que la colonie régissait la métropole quand Jean VI était au Brésil; mais alors personne n'osa se plaindre, ni douter de sa légitimité, parce que son gouvernement, bien que modéré, était absolu. Aujourd'hui l'on présente des questions, des doutes, qui naissent de motifs patents déjà indiqués; il est certain que l'on ne disputerait pas aujourd'hui en Portugal la légitimité au dey d'Alger, s'il allait établir à Lis-

bonne le despotisme. Qui peut douter que, s'il
en arrivait ainsi, la municipalité et les autres
autorités se mettraient de suite en mesures de
faire de brillantes illuminations, et de dégoûtantes harangues, tandis que de sordides prê-
cheurs chanteraient l'Epinicion, appelant le
dey lui-même, saint prophète, et appui de la
religion ! ! !

« Il est un principe généralement admis par
« tous les jurisconsultes, qu'aucune loi ne peut
« être révoquée ou altérée que par la même
« autorité, ou une autorité supérieure à celle
« qui l'a établie. » (*Trompette*, n° 66.)

Voici un principe répété par la gazette de
Lisbonne et par tous les écrivains salariés en
Portugal. Accordons le principe : quelle en
est la conséquence ? Serait-ce par hasard celle
du gazetier *Trompette* et autres de la même
espèce ? Non, certes. La seule conséquence, la
voici : que la charte constitutionnelle établie
par Pierre IV, roi légitime de Portugal, ne
peut être révoquée que par lui, ou par Dieu,
seule autorité supérieure à la sienne, et jamais
par l'infant dom Michel, qui, comme lieutenant de son auguste frère, a juré de l'exécuter
et de la maintenir comme son premier sujet.

Continuons l'analyse.

« Il s'ensuit de ce principe que les lois fon-

« damentales de la monarchie portugaise, qui
« sont seulement celles établies en cortès, ne
« peuvent jamais être altérées que par d'autres
« cortès légitimes, ou par une autorité supé-
« rieure à celle des cortès. » (*Trompette*,
ibid.)

En premier lieu les trois états du royaume
réunis en cortès ne faisaient pas de lois, comme
il est déjà démontré; leurs attributions étaient
seulement de demander au roi de les faire, sur
tel ou tel objet, et il était à la volonté du roi
d'y déférer ou de le refuser. Il est également
faux de dire que les lois fondamentales sont
celles établies en cortès. Les lois fondamentales
sont celles qui forment le droit public d'une
nation, et qui servent de base à toutes celles
pour l'administration intérieure, telles que
celles qui déterminent la forme de son gouvernement, la succession du royaume, les droits
de citoyens, etc. Aux cortès on faisait des re-
quêtes pour des lois économiques, criminelles,
de police et autres, et certainement il n'y a
point de jurisconsulte qui appelle ceci lois
fondamentales, car d'une année à l'autre elles
deviennent nécessaires ou inutiles, avantageuses
ou préjudiciables, selon les circonstances. Aux
cortès de Lamego même, que cet essaim de bar-
bouillons nous cornent sans cesse, nous en trou-

vons quelques-unes, et surtout celles de l'adultère, qui ne sont point fondamentales.

« Ni le roi sans les états, ni ceux-ci sans le
« roi, n'ont assez d'autorité pour modifier ce qui
« a été une fois ordonné en cortès. » (*Trom-*
« *pette*, *ibid.*)

Nous confessons que les sottises et les extravagances de cet ignorant et perfide écrivain nous dégoûtent si fort que nous abandonnerions la tâche de le réfuter, si nous ne le savions l'organe principal des factieux qui, par ces misérables sophismes, et d'autres mensonges encore, prétendent tromper le peuple pour le conduire à ses fins. Si « le roi sans les états ne peut même modifier ce qui serait une fois établi en cortès », quelle est donc cette autorité supérieure aux cortès, « qui peut altérer les lois établies en cortès? » Il n'est pas facile de le deviner. Nous ne connaissons que Dieu, dont l'autorité est supérieure à celle du roi, et il ne nous conste pas qu'il ait jamais pris la peine d'altérer nos lois. Que le roi pouvait à son bon plaisir altérer et modifier ce qui avait été décidé en cortès, cela est clairement reconnu par la réponse déjà citée du roi Jean IV. « Je ferai faire
« des lois avec la modération et les déclarations
« que je jugerai convenables au bien commun
« du royaume. » Mais cela ne doit point étonner

lorsqu'on trouve sur la même page de *la Trom-pette* une absurdité plus forte encore. « Depuis
« le règne de Pierre II (dit-il), il n'y a plus eu
« de cortès en Portugal. » Comme nous le savons tous, une des principales attributions des
anciennes cortès, était d'être consultées sur l'é-
tablissement des tributs et impositions ; si donc
sous les règnes consécutifs de Jean V, Jo-
seph Ier, Marie II et Jean VI, il a été établi des
tributs et impôts nouveaux, et il a été fait des
lois abolissant, amplifiant ou modifiant les anciennes, sans le concours des états, il s'ensuit
que toutes ces lois sont abusives, despotiques,
illégales et sans effet. En vérité, c'est faire
honneur à ces souverains !

« De quelle justice prétend-il (Pierre IV),
« étant au Brésil, déjà réputé prince étranger, et
« seigneur d'un empire indépendant, s'arroger
« la souveraineté et le titre de roi de Portu-
« gal ? » (*Trompette, ibid.*)

Par la justice qui lui accorde le droit d'hérédité, comme fils aîné de Jean VI ; parce qu'un
royaume, comme l'a fort bien dit le docteur
Jean das Regras, est comme un majorat, et
suit la ligne masculine, préférant la droite à la
transversale. Ce droit a paru si clair, que de
suite après la mort de son auguste père, il a
été reconnu roi de Portugal, par tous les gou-

vernements d'Europe et par celui du royaume qui a de suite traité en son nom, jusqu'au moment où il a promulgué la Charte; parce qu'alors on commença à provoquer sourdement la rebellion et la guerre civile, fomentées par l'impunité, et les ennemis éhontés du roi, qui, maintenus dans leurs emplois, usèrent de l'autorité pour devenir les premiers conspirateurs.

« Décrétant une charte constitutionelle sans « l'audition des intéressés. » (*Trompette*, ibid.)

Voici où frappe le mal. La charte est le point de scandale des traîtres et de tous les apostoliques, pour qui le gouvernement de Pierre IV est devenu odieux. S'il avait voulu, comme nous l'avons déjà dit, être roi absolu, ils continueraient à le reconnaître sans opposition, et regarderaient sa résidence à deux mille lieues du Portugal comme un bonheur, parce que le roi ne pourrait d'aussi loin observer leurs prévarications, ni recevoir les plaintes du peuple oppressé; ils auraient de nombreux moyens de les intercepter et de les cacher si bien qu'ils expireraient sur les marches du trône sans se faire entendre du monarque! La haine de la liberté et l'amour des abus les aveuglent à tel point qu'ils ne craignent point de fouler aux pieds la légitimité et les principes européens; sanctifiant et proclamant le principe anarchique de la souveraineté du peuple, voulant, comme le veut l'écrivassier, que le roi ne puisse ordonner sans l'audition des intéressés; provoquant et légitimant les acclamations tumultueuses du peuple et des municipalités du royaume, et attribuant aux États le droit d'accorder la couronne, ce qui ne leur a jamais appartenu.

« Allant d'ici au Brésil pour être empereur,
« ou en Castille pour être roi d'Espagne, il per-
« dait, ainsi que ses descendants, tous les droits
« à l'hérédité du trône portugais. » (*Trompette*, ibid.)

Quel pauvre réglement! Alphonse V, allant en Castille pour y être roi, a-t-il perdu son droit sur le Portugal? Dom Emmanuel en a-t-il été privé pour être devenu roi de Castille, de Léon et d'Aragon? Pourquoi donc dom Pierre le perdrait-il? est-ce parce qu'il est empereur du Brésil?....... En effet, nous pardonnerions difficilement une telle suite de sottises, si dans la continuation de la période que nous analysons nous ne trouvions une confession fort ingénue de l'incapacité et du manque d'arguments des défenseurs de la méchante cause de la légitimité supposée de l'infant dom Michel.

« Mais il est malheureux (dit-il) que les
« discours de cette nature n'obtiennent pas la
« palme. » (*Trompette*, ibid.)

Sans doute, les discours de cette nature ne
remportent ni ne doivent remporter la palme,
et si l'on pouvait traiter en Portugal cette matière avec la franchise et la sécurité nécessaires,
il y a bien des hommes qui nous auraient déjà
épargné la peine de réfuter de misérables sophismes, et les doctrines subversives dont s'est
infatué l'abject écrivailleur du plus honteux
écrit qui soit jamais sorti des presses de Portugal.
Mais le club de *la Trompette*, comment man-
querait-il de publier ces doctrines et d'autres
encore dans un pays où il est permis de crier,
mort à Pierre IV, pendant que l'on traîne
dans des cachots, ceux qui par leur conduite
ou des paroles se montrent attachés au roi au
nom duquel ils sont gouvernés!!! L'Europe
le sait, cette époque sera mémorable dans l'histoire des absurdités humaines. Comment se
manifestera donc l'opinion publique, si ce n'est
par le mépris, et par le silence clair et si intel-
ligible des bons Portugais? *La Trompette* elle-
même se voit obligée de confesser que de pareils
discours n'obtiennent pas la palme! Nous prenons acte de ces expressions mémorables qui
prouveront en tous temps, qu'une faction de

satrapes, de moines et d'ambitieux , et non les Portugais, ont refusé l'obéissance au roi, tramé la ruine de la Charte, et anéanti la liberté.

ARTICLE IV.

Brochure publiée à Lisbonne sous le titre :
Qui est le roi légitime?

Ayant analysé les écrits qui ont circulé le plus à Lisbonne au sujet des prétendus droits de l'infant, il nous faut consacrer quelques lignes à l'examen d'une brochure qui s'y est publiée sous le titre « *Qui est le roi légitime ?* »

Les doctrines de cet aperçu sont les mêmes que celles de tous les autres écrits; elles ne sauraient être différentes sous le honteux empire d'une vénale censure monacale, mais ils diffèrent quant au style et à la manière de les exposer. Commençons l'analyse par quelque idée nouvelle et non encore réfutée. Voyons ce qu'il dit à la page 2 à l'égard de dom Pierre.

« Nous dirons qu'il est (dom Pierre) un sou-
« verain à deux naturalisations, roi portugais
« et empereur brésilien ! Il n'y a qu'un parti de
« partisans et de capricieux qui puisse fomen-
« ter, ourdir, et amalgamer de semblables con-
« tradictions ! »

C'est sans doute le même parti qui fait que François Ier soit empereur allemand, archiduc autrichien, roi de Hongrie et de Bohême. Voici un monarque à quatre naturalisations, sans que personne s'en étonne; tout comme personne ne s'étonne que Ferdinand soit roi napolitain et sicilien; Nicolas Ier, czar russe et roi polonais; Georges IV, roi anglais et hanovrien; et sans chercher des exemples étrangers, nous trouverons dom Emmanuel proclamé roi portugais, castillan, léonais et aragonais. Si l'argument, donc, est en faveur de tous ces souverains, pourquoi ne prévaudrait-il pas en faveur de dom Pierre, roi portugais et empereur brésilien? L'identité de souveraineté ne fait point l'identité des royaumes; personne encore n'a osé soutenir une telle absurdité; ceux-là seront toujours indépendants quand ils seront gouvernés par des lois particulières, comme il arrive au Portugal et au Brésil, sans que pour cela les souverains perdent leurs droits.

« Les Brésiliens ont continué leurs caprices;
« ils s'obstinèrent, dirent, proclamèrent, écri-
« virent souvent; nous ne voulons rien savoir
« du Portugal. Celles-ci et d'autres expressions
« équivalentes ne sont peut-être pas les plus
« catégoriques et les plus décisives qui aient
« circulé en Europe. »

Il perce une grande dialectique dans cette période, et sans préambule nous demanderons ce que cela prouve : que les Brésiliens « s'obs- « tinèrent, dirent, proclamèrent, » parce qu'ils voulaient à tout prix leur indépendance : mais est-ce aux Brésiliens, ou à Pierre IV, qu'échoit l'héritage de la monarchie luzitanienne ? Pourquoi confondre ce qui est si étranger ? Celui qui emploie de tels artifices avoue tacitement la faiblesse de ses raisons.

« Que veut dire en diplomatie une nation « indépendante ? N'est-ce pas une nation qui « a un roi libre, qui est gouvernée par ses « propres lois, analogues à son pays, sans « qu'une autre nation ait une influence coac- « tive ou permanente sur elle ? Personne ne « pourra le nier. »

Nous non plus ; mais nous soutenons que chez la nation portugaise toutes ces circonstances se vérifient. En premier lieu, le Portugal est gouverné, ou pour mieux dire, a été gouverné par une constitution différente de celle du Brésil. Ses lois sont faites par ses pairs et ses députés, et sanctionnées par le dépositaire du pouvoir royal. Les Brésiliens sont exclus des emplois publics. Pour obtenir justice ou grâce, il ne nous faut plus, comme jadis, avoir recours à Rio de Janeiro. Il ne pèse pas sur nous une obole des tributs et des contributions brésiliennes, et enfin, les coffres du Portugal reçoivent tous les revenus de l'État, sans que le Brésil en retire le moindre avantage. Il faut naturellement en déduire que le Portugal est aussi indépendant du Brésil comme le Brésil du Portugal; et alors, qu'importe que notre roi soit également le souverain d'un grand empire, et qu'en outre il le soit au-delà de l'Atlantique, si nous ne dépendons pas de cet empire, ni cet empire de nous? Parce qu'une personne paie un droit annuel au possesseur d'un terrain, n'est-il pas pour cela libre propriétaire d'un domaine qu'il y aurait bâti?

« Si le Portugal a cédé tout le droit colonial
« sur le Brésil, comment est-il possible qu'il
« revienne à celui-ci sur le Portugal? Alors
« comment, par la catégorie de l'empire, n'est-
« il plus royaume uni? Si ce sont deux royau-
« mes différents et indépendants, comment
« concilier l'influence du gouvernement de
« l'un sur l'autre? »

Ici continue le même sophisme de confondre fort exprès l'empereur du Brésil avec le peuple brésilien. L'empereur du Brésil est roi de Portugal par le droit incontestable d'hérédité et de primogéniture. L'auteur, pour tromper les ignorants, nous parle de l'influence du Brésil

sur le Portugal ; mais où trouve-t-on cette influence? Les ministres brésiliens composent-ils
le ministère portugais? Les lois faites par nos
Chambres dépendent-elles de la sanction brésilienne? Comment existe donc cette influence
prétextée? Elle existe sans doute, mais non au
Brésil; elle est circonscrite dans l'espace où domine la frauduleuse méchanceté des chefs apostoliques, et la crédulité stupide des pervers
adeptes de la secte criminelle.

« C'est un phénomène. Un souverain sanc-
« tionner des décrets, des ordonnances, et con-
« firmer des conventions sur des traités de
« paix et des intérêts commerciaux entre le
« Portugal et le Brésil, sans l'unité de gou-
« vernement. Comment peut-il être souverain
« des deux domaines? S'il était le même sou-
« verain, il identifierait les mêmes intérêts, et
« ordonnerait en commun; ses arrêts embras-
« seraient inséparablement les deux royaumes,
« les lois seraient les mêmes. »

Cela arriverait si le Portugal et le Brésil
n'étaient pas deux États différents et indépendants. Est-ce que les lois que Georges IV sanc-
tionne au parlement britannique engagent le
peuple hanovrien? Les ukases de l'empereur
Nicolas pour la Russie ne sont-ils pas différents de ceux pour la Pologne? Celle-ci n'est-

elle pas gouvernée par un système représentatif, et celle-là par un système autocratique?

« L'ordonnance du 15 novembre 1825, par
« laquelle Jean VI prend le titre d'empereur,
« dit : Dom Pierre d'Alcantara, héritier et suc-
« cesseur de ces royaumes; d'un autre côté,
« *ibidem*, dom Pierre d'Alcantara, prince royal
« de Portugal et des Algarves. Par décret du 6
« mars 1826, le roi laissa une régence *inte-*
« *rim* en son nom, pendant que les Portugais
« n'obtinssent une résolution postérieure de
« leur successeur légitime. Lorsque nous rap-
« pelons ces événements, il nous survient si-
« multanément différentes circonstances, ou
« idées associées que le présent et la postérité
« ne pourront jamais déchiffrer d'aucune ma-
« nière ; nous avons encore un trait à braver
« avec les ténèbres de l'illusion, que nous ten-
« terons de déchiffrer. »

Voici le cas de dire : *Davus sum, non OEdi-*
pus. Ce style énigmatique, ces expressions del-
phiniennes, nous le confessons, sont pour nous
indéchiffrables et le véritable prototype du Ba-
thos dont parle Pope. Nous ne pouvons comprendre quel est ce nouveau trait avec lequel
l'auteur dissipe l'illusion des circonstances et les
idées associées qu'il affirme lui-même que le
présent et la postérité ne pourront déchiffrer

d'aucune manière. Peut-être que par là il veut donner à penser aux ignorants ce que *la Trompette* écrivit avec une impudence et une stupidité qui épouvantent, c'est-à-dire, que les maçons (car les apostoliques mettent les francs-maçons à toute sauce) ont inséré ces mots à l'insu de Jean VI. Est-il croyable que l'auteur, qui en science n'est pas de l'étoffe de beaucoup de dégoûtants animaux, ne voulut pas profiter de l'avantage que cette perfidie lui eût accordé aux yeux du public, et qu'il eut honte en même temps d'avancer clairement une absurdité et une extravagance semblable ? Non certainement, car pour qu'un pareil événement eût idée de probabilité, il faudrait : 1° que Jean VI eût signé ce décret sans le lire ; 2° qu'après sa publication il n'eût jamais eu la curiosité d'y porter les yeux ; 3° qu'il n'eût jamais parlé à personne au sujet des conditions auxquelles il a créé et reconnu l'indépendance du Brésil ; et 4° que parmi toutes les personnes qui l'entouraient, il n'y eût pas un seul homme de bien qui le prévînt de cette conduite traîtresse : sans cela, comment serait-il possible qu'ayant encore vécu si long-temps, il ne réclamât point contre, punissant le ministre d'État qui a fait tracer le diplôme.

« Quels droits de succession ces deux décla-

« rations acquièrent - elles à dom Pierre ? »

Aucuns, parce que les droits de Pierre IV à la couronne ne sont pas acquis ; ils sont nés avec lui et ne dépendaient point de telles déclarations ; elles servent seulement à démontrer l'esprit dont le père et le fils étaient animés, quand ils célébrèrent ce traité, puisque le fils a reconnu à son père le droit suzerain sur son empire, en lui permettant de porter le titre d'empereur du Brésil, et le père a reconnu à son fils le droit d'hérédité en Portugal, en l'appelant prince royal du Portugal et des Algarves et successeur de ces royaumes.

« Un fait nouveau exigeait de nouvelles lois.
« Le fait de l'empire du Brésil avait altéré par
« son indépendance l'ordre de la succession ; ne
« faudrait-il pas convoquer des cortès ? Oui, et
« il n'appartenait qu'au roi avec elles d'arrêter
« sur une matière neuve, et de la dernière
« transcendance. »

Nous n'accordons pas à l'auteur que l'indépendance du Brésil altérât l'ordre de succession, et qu'il fût nécessaire de convoquer des cortès pour statuer sur un droit national ; que s'ensuit-il ? que ce droit n'existant pas, parce qu'il n'a pas été ainsi arrêté, le droit naturel doit régir : il ordonne que le fils succède au père, et la loi des majorats auxquels le royaume

est égal, veut que l'aîné en prenne l'administration à la mort de son père. Suivant ces deux
droits, Pierre IV ne peut manquer de succéder
à Jean VI pour la couronne de Portugal.

« C'est la première fois que le Portugal, après
« tant de trophées de gloire, après tant de mo-
« narques illustres, vient à avoir un roi sans
« serment en cortès. »

C'est la première fois ! Où l'auteur fait-il
cette importante découverte ? En quels cortès prêtèrent serment Pierre II, Joseph Ier,
Marie I et Jean VI ? Il faut que l'auteur nous
accorde une de ces deux conséquences, qui, en
bonne logique, se renferment dans ces principes, ou qu'en Portugal il ne faut point de
serment en cortès pour régner, ou que ces monarques n'ont point été légitimes, mais usurpateurs et intrus, parce qu'aucun d'eux n'a
prêté serment en cortès. Après avoir démontré
par des faits incontestables le défaut de vérité,
que c'est la première fois que le Portugal a un
roi qui n'a pas prêté serment en cortès, il nous
faut démentir la seconde assertion fausse, que
Pierre IV n'a pas été reconnu en cortès. Les
deux chambres du royaume, qui forment les
cortès légitimes de la nation portugaise, con-

voquées extraordinairement suivant la Charte, le jurèrent et le reconnurent légalement, avant de commencer leurs travaux législatifs. Ceci est à la connaissance de tout le monde, et il n'y a pas en Portugal quelqu'un qui puisse soutenir le contraire.

Nous ne manquerons pas de répondre à un sophisme auquel les apostoliques voudraient soustraire notre jugement, et par lequel ils trompent le peuple ignorant, le voici : « Que « dom Pierre a régné et décrété avant que « d'avoir été reconnu en cortès ! » Le royaume de Portugal est héréditaire, la naissance et le droit d'hérédité font le roi, et non le serment en cortès; c'est pour cela que tous les souverains portugais ont commencé par prendre le sceptre, et ont ensuite appelé des cortès pour se faire reconnaître ; celles-ci n'auraient même pas pu se réunir sans une convocation royale, les dates en font foi; pour ne pas être prolixes en citations, nous indiquerons seulement que Jean IV commença à régner en 1640, et ce ne fut qu'en 1641 qu'il convoqua des cortès, où il fut reconnu. Dom Emmanuel, appelé au trône par le testament de Jean II, reçut la nouvelle de sa mort à Alcacer do Sal, et il commença de suite à soigner les affaires du royaume, comme le dit l'évêque Jérôme Ozorio dans sa chronique latine (1) : de la citation clairement on conclut que l'on chercha d'abord à organiser le gouvernement, et à prendre des mesures utiles à son établissement, et ce n'est qu'ensuite que les cortès furent convoquées à Montemor.

« Si à l'article 3 du Traité de l'Indépen-
« dance du Brésil, il est dit : S. M. I. promet
« de ne point accepter les propositions d'au-
« cune colonie portugaise pour se réunir au
« Brésil, comment se fait-il que dom Pierre se
« hasarda à donner une constitution et à vou-
« loir gouverner non – seulement les colonies,
« mais encore le royaume qui les possèdent ? »

Dom Pierre a promis de ne réunir au Brésil aucune des colonies qui appartenaient au Portugal, qui était alors au pouvoir de son auguste père, qui ne lui cédait que le Brésil. A présent il donne une constitution, parce que telle est sa volonté souveraine, voulant gouver-

---

(1) Quod quidem munus sibi non segniter obeundun existimavit; erat enim et ingenio, et studio, et disciplinâ vigilantissimus. Itaque cùm multa confestim regno salutaria instituisset, tùm nihil sibi majore curâ faciendum arbitratus est, quàm ut omnium ordinum conventum ageret.

ner le royaume et ses colonies de cette manière ;
et puisque la souveraineté lui en revient, qui
pourrait lui disputer le droit de gouverner ses
États comme il lui plaît ? il n'y a, dans ce procédé, rien qui ne soit juste et légitime suivant
tous les principes de la jurisprudence univer-
selle.

« De quel droit (tout en le lui accordant)
« l'empereur du Brésil a-t-il fait cette abdica-
« tion ? l'empereur du Brésil aurait-il quel-
« que droit sur le Portugal ? Ce droit lui re-
« vient-il comme empereur du Brésil ou comme
« roi du Portugal ? Si c'est comme empereur
« du Brésil, il n'a aucun droit, car il est Brési-
« lien par sa naturalisation ; si comme roi de
« Portugal, je ne sache pas qu'il y ait un arti-
« cle dans la Charte qui l'autorise. Que le
« monde entier juge de la force de ce raison-
« nement. »

Il n'y a ici aucune espèce de raisonnement ;
il y a un flux de paroles et contre-sens qui obs-
curcissent la question la plus simple. Pierre IV
est roi de Portugal parce qu'il est fils aîné de
Jean VI ; il abdique parce que les rois ainsi
que les vassaux sont libres de se défaire de ce
qui leur appartient légitimement. Dire qu'il
n'y a point d'article de la Charte qui l'autorise, est une absurdité si dérisoire, qu'elle ne

mérite, pas de réponse sérieuse. L'abdication n'est pas une loi ni un précepte de loi, et encore moins d'une loi fondamentale ; c'est un acte volontaire qui peut naître de plusieurs, et de différentes causes. Christine a abdiqué le trône de Suède pour aller philosopher à Rome. Dioclétien abdiqua l'empire, parce qu'il lui parut préférable de cultiver des légumes dans un potager plutôt que de supporter les intrigues des courtisans. Charles V, pour se faire moine. Aucune de ces abdications n'a été réglée par des lois fondamentales. Il ne nous convient pas de rechercher les motifs de haute politique qui ont porté Pierre IV à abdiquer ; mais considérant son caractère magnanime, nous pouvons supposer que c'est pour dissiper toute la crainte des Portugais et des Brésiliens, que, réunissant les deux couronnes, il voulut annuler leur indépendance. En un mot, il abdiqua ; c'était sa volonté ; il abdiqua conditionnellement pour conserver aux Portugais un gouvernement représentatif dont il a voulu les gratifier.

« La dynastie régnante de la sérénissime
« maison de Bragance, continue en la per-
« sonne de dona Maria da Gloria. Si la dy-
« nastie est le trône d'où descendent les famil-
« les souveraines, je ne sache pas que dona
« Maria da Gloria soit de la dynastie de la

« maison de Bragance.... Il est clair que dom
« Pierre forme le trône d'une nouvelle dynastie
« brésilienne, et si dom Pierre est le tronc
« d'une nouvelle dynastie brésilienne, com-
« ment se peut-il que sa fille dona Maria da
« Gloria continue la dynastie de la maison de
« Bragance ? »

La Trompette assure que Pierre IV n'est plus
Portugais parce qu'il est empereur du Brésil !
Cet auteur va plus loin, il veut que Pierre IV
cesse, *ipso facto*, d'être membre de la maison
de Bragance, parce qu'il est empereur du Brésil ! En effet, nous serions peu étonnés de recevoir par première occasion quelque nouvel
imprimé qui prive dom Pierre de la béatitude,
parce qu'il est au Brésil. Ces messieurs pour-
ront-ils nous dire de quelle manière on peut ne
pas reconnaître Pierre IV comme fils de Jean VI?
Si celui-ci était le chef de la famille de Bragance, comment ses fils et petits-fils peuvent-ils,
et nati natorum, et qui nascentur ab illis, ne
pas être de la famille de Bragance ? Indulgence,
lecteur, pour cette digression facétieuse, mais
comment ne pas rire de pareilles absurdités ?
Tous les historiens ne nous apprennent-ils
pas que la maison d'Autriche a régné en Espagne depuis Charles Ier jusqu'à Philippe V ?
Tout le monde ne sait-il pas que la maison de

Bourbon règne actuellement en Espagne ? Pourquoi ne pas dire que la maison de Bragance règne à présent au Brésil ?

En continuant à parler de l'abdication de Pierre IV l'auteur nous dit : « Pourrait-il le « faire de son propre mouvement sans consul- « ter les trois états ? Tout le monde dira le « contraire.- »

Nous y ajouterons une autre question que nous regardons comme fort importante, et commencerons par demander à l'auteur s'il a fait attention où cet argument l'entrainait ? S'il a mûrement pesé toute l'étendue des conséquences que l'on en peut déduire ? Si Pierre IV ne pouvait abdiquer le royaume sans le consentement des trois états, il est certain et incontestable que Jean VI pouvait bien moins aliéner le Brésil sans le consentement de ces états, parce que les souverains portugais jurent de maintenir l'intégrité de leurs possessions. Dès-lors le traité de séparation a été nul et illégitime, parce qu'en droit, n'est point valide ce qui est fait par celui qui n'y est pas autorisé ; alors posant le premier principe, le Brésil ne peut être aux yeux des Portugais séparé de droit, et dans ce cas par plus forte raison l'hérédité du royaume doit-elle revenir à dom Pierre. Nous désirons que les apostoliques réfutent cette doctrine ; et nous les défions de détruire la conclusion que nous déduisons des arguments dont ils se servent pour tromper le vulgaire. Passons à la dernière réflexion de l'auteur à l'égard de la reconnaissance de Pierre IV.

« Si les puissances étrangères (dit-il) ont
« reconnu dom Pierre comme roi légitime de
« Portugal, ce fait ne détruit point la juste ré-
« clamation des Portugais... Si cette reconnais-
« sance produisait quelque droit, alors les
« puissances devraient toujours reconnaître la
« première forme de gouvernement d'une na-
« tion... Ayant une fois reconnu le gouverne-
« ment de dom Philippe de Castille en Portugal,
« ils ne devraient pas reconnaître la légitimité
« de Jean IV. »

C'est encore une nouvelle confusion d'idées et de faits dénués de sens pour embrouiller la question. L'État actuel de l'Europe est bien différent de ces temps-là ; alors c'était la force qui décidait tout, et tout gouvernement était reconnu s'il pouvait se maintenir.

Un prince s'emparait d'un État étranger par ses armes ; un autre se révoltait et se constituait à sa façon, sans que les autres peuples se jugeassent en droit d'intervenir. Les Suisses secouèrent le joug de l'Autriche, et l'Europe observa tranquillement la guerre de ces deux puissances, jusqu'à ce que, fatiguées, elles firent la paix. Les Hollandais se sont révoltés contre Philippe, et se sont constitués en république; ils défendirent leur indépendance avec ténacité; les princes protestants d'Allemagne et la reine d'Angleterre les secondèrent pour des motifs de religion, et non de politique, mais le reste de l'Europe resta indifférent. Tout est changé; il y a à présent un droit public qui soutient l'équilibre européen, et toutes les grandes puissances veillent à son maintien; il ne peut pas s'établir de gouvernement, les formes ne peuvent en être changées sans qu'il soit reconnu par tous. Un prince ne s'emparerait plus, je ne dis pas d'un royaume, mais d'une province, sans que tous les rois s'armassent contre lui. Un royaume comme la Hollande, qui voudrait aujourd'hui se républicaniser, trouverait-il des alliés ou protecteurs? Non certainement; il trouverait de puissants ennemis qui l'obligeraient à se courber sous l'ancien joug. Comment donc ose-t-on affirmer que la reconnaissance des puissances étrangères ne produit pas de droit, et que c'est une chose indifférente? Bien au contraire, nous sommes dans un siècle où les principes sont tout, tous combattent pour eux; sans la reconnaissance des puissances européennes il n'y a pas de droit solide.

ARTICLE V.

Anciennes cortès, ou les trois États.

Brisant sur les arguments battus et rebattus par tous les partisans de l'usurpation, et qui se trouvent amplement réfutés dans cette courte analyse, passons au retranchement des cortès appelées anciennes, ou trois états du royaume. Nous noterons d'abord la versatilité de principes et les contradictions que l'on observe sans cesse dans le parti usurpateur. En lisant leurs écrits, on dirait qu'ils naviguent sans gouvernail, battus par différents vents : quelquefois ils affectent une audace imperturbable, et souvent une timidité qui effraie. Possédés de l'anxiété de pallier leurs manœuvres, et de convaincre le vulgaire de doctrines qui leur sont favorables, ils publient des contradictions, et les démentent par leurs procédés. On dirait qu'ils ont deux centres distincts, dont émanent des impulsions qui se combattent réciproquement. Une partie pense que les vociférations de la populace et les actes des municipalités suffisent pour détrôner Pierre IV; d'autres jugent la convocation des anciennes cortès nécessaire. C'est de cet avis, qui a été combattu par différents imprimés des agents de la faction usurpatrice, la seule à qui aujourd'hui en Portugal il soit permis d'assassiner, voler, poursuivre, écrire et parler, de cet avis, disons-nous, est l'immortel et immoral père Joseph-Augustin de Macedo et compagnie, auteur, à ce qu'il dit, d'un article inséré dans la gazette du gouvernement, n° 163. En parlant de la tumultueuse et factieuse acclamation faite par la municipalité de Lisbonne, voici comment il s'exprime : « Les municipa- « lités, comme représentant le peuple, de- « vaient, chacune séparément, adresser au « trône une respectueuse représentation, ex- « posant le louable état d'effervescence où se « trouvait la nation, pour une cause aussi sa- « crée, demander que Son Altesse daignât, « conformément aux lois fondamentales de la « monarchie, appeler en cortès les trois états « distincts du royaume, parce qu'un fait de « droit ne peut être décidé comme un fait tu- « multueusement populaire, et qui ne porte « pas le caractère légitime de la représentation « nationale, et celle-ci n'existe pas, dès qu'il « n'y a pas l'unité de corps social composé des « états du royaume. » Le décret du 25 avril semble s'accorder dans ce sens; car, bien qu'il s'exprime vaguement à l'égard de la conduite ultérieure du gouvernement, il désapprouve, par sa réponse, la municipalité, de la manière tumultueuse de sa conduite, la comparant aux événements de 1820. Mais en contradiction à cette doctrine, il ne fait point annuler l'acte d'acclamation, et laisse la municipalité appeler par des affiches les citoyens à signer les listes de son invention ! Sans nous arrêter à l'analyse d'une conduite aussi singulière, et qui a été le précurseur de celle adoptée plus tard, examinons la légalité du fait administratif de la convocation des états, et voyons l'avantage qui pourra en résulter à la faction.

Pour mieux faire comprendre ce que nous allons examiner, il serait nécessaire, et peut-être indispensable, de donner une explication de ce que l'on entend par cortès anciennes, grand mot, qui après avoir été pendant plus d'un siècle et demi l'épouvante du gouvernement, qui en frémissait au nom seul, est aujourd'hui le jouet de la populace factieuse, et l'anneau de Salomon, dont se servent les chefs pour justifier leur ruse, et transformer l'État en une bergerie.

Les cortès sont venues en Espagne sous la domination des Goths, et elles nous viennent des Espagnols. Le hasard leur donna là naissance, l'habitude les consolida, et le despotisme ministériel les anéantit dans les derniers temps. Comme à cette époque les conciles étaient fréquents en Espagne, les rois goths ayant reconnu que les ecclésiastiques étaient les seuls qui eussent alors quelque instruction, et que le moyen le plus favorable et le plus efficace pour que leur pouvoir fût affermi et respecté du peuple était de le couvrir du manteau de la religion, ils attendaient la réunion des conciles, et après la décision des matières de foi et de discipline, ils y promulguaient et y faisaient jurer les nouvelles lois qu'ils avaient faites. Voici d'où vient que nous voyons dans les conciles espagnols tant de canons qui n'ont de rapport qu'à la législation civile. Les grands assistaient à ces rassemblements, les uns comme grands officiers du palais, les autres comme grands propriétaires, pour défendre leurs droits contre l'usurpation ministérielle, souvent contre les justes réformes que les monarques tentaient, certains de trouver toujours appui dans l'indépendance et la prépondérance de l'esprit ecclésiastique; mais les prêtres comme les nobles, ne furent jamais députés de la nation, ni de la noblesse, ni du clergé, car ils n'ont jamais eu de procuration, comme le démontre clairement Marina dans son estimable ouvrage intitulé *Théorie des Cortès*, et par là la représentation du clergé et de la noblesse était toute personnelle, et ces assemblées connues dans l'histoire d'Espagne sous le nom de conciles, ensuite sous celui de chapitres et enfin sous celui de cortès, ont été admises après les procureurs de quelques villes et bourgs qui n'avaient point de seigneurie, et que les rois ont peu à peu déféodalisés pour fortifier leur pouvoir contre les nobles et le clergé, qui commençaient déjà à porter ombrage à leur autorité. Ceux-ci sollicitaient tout ce qui pouvait être utile aux peuples, dont ils étaient les véritables représentants, parce qu'il n'y avait qu'eux qui eussent des procurations, et en eux se retrouvait ce qu'on entend véritablement par cortès, car il y en a beaucoup de célèbres en Espagne, où la noblesse ni le clergé n'ont assisté (1).

Les rois écoutaient leurs sollicitations, et y déféraient ou refusaient, selon qu'ils le trouvaient convenable, et presque toujours ils appelaient ces assemblées pour le serment des princes, et pour exiger des contributions et des donations. Jamais cependant on n'a jugé

______

(1) Dans l'ouvrage cité de Marina, tom. 1er, il y a plusieurs cortès de notées, auxquelles n'ont été convoqués que les procureurs du tiers-état.

que la souveraineté ni le pouvoir législatif y résidât; c'étaient simplement des corps qui avaient voix consultative, mais très-utile dans cet ordre de choses, parce qu'ils faisaient directement parvenir aux oreilles des rois les plaintes, les vexations et les oppressions des peuples, et par là redoutés et détestés des ministres, qui souvent sont la cause du malheur des peuples. Voici en peu de mots ce qu'ont été les cortès en Espagne, et ce qu'elles ont été en Portugal, à peu de différences près ; entre autres les Portugais se sont montrés plus obéissants et condescendants envers les rois. Elles n'ont pas abusé aussi souvent de leur influence pour provoquer des révolutions comme l'ont fait celles d'Espagne, mais aussi celles-ci n'ont pas défendu la cause de la patrie avec autant d'énergie. Il nous serait facile de donner les raisons de cette différence, mais cette digression nous conduirait plus loin que ne le permettent les limites de cet opuscule.

Ces faits établis, nous demanderons à quoi peut être utile la convocation des trois états? Pourquoi les assembler? Pour (répond l'auteur de l'article) « lever le tribunal public de la « nation, où les procureurs du peuple, de la « noblesse et du clergé » (Il y a ici deux perfidies grossières : la première est de parler de procureurs de la noblesse et du clergé, qui n'ont jamais eu, comme nous l'avons déjà dit, de procurations de leurs ordres, mais ils ont toujours représenté en personne ; d'ailleurs que l'auteur nous montre un seul exemple : la seconde est l'ordre dans lequel il nomme les états, lorsque le clergé est le premier bras, la noblesse le second, et le peuple le troisième) « distinctement proposent, débattent et décident avec l'autorité royale. » (Les cortès n'ont jamais rien décidé avec l'autorité royale ; elles proposent, et l'autorité royale décide.) Ce qui « sera conforme au droit national. » Fort bien ; admettons un instant l'absurde que Pierre IV, comme héritier de son auguste père, fût entré paisiblement en possession du Portugal sans aucune résistance de la part des nationaux ni des étrangers, et le gouvernant depuis deux ans, il puisse être douteux si le trône lui appartient ou à un autre, nous demanderons : les cortès anciennes sont-elles un tribunal compétent pour résoudre ce doute, si ces cortès (comme le confesse l'auteur) n'ont que le pouvoir de consulter et non de délibérer. Il est clair que non : pour décider ce qui est conforme au droit, ne le peut que celui qui est revêtu de la souveraineté ou de la magistrature, qui en est déléguée ; et qui osera dire que ces cortès ont la

souveraineté, ou sont un tribunal de justice?
Pas même l'auteur de l'article, nous supposons.
« Elles peuvent (dit-il) en quelque sorte délibé-
« rer dans ce cas, comme il est arrivé dans celles
« de Coimbre lorsqu'elles reconnurent Jean Ier,
« et dans celles de Montemor lorsque, par l'in-
« terruption de la ligne directe, par la mort
« du roi Jean II, le roi dom Emmanuel fut
« appelé au trône. »

Ces exemples, que l'auteur nous cite si mal-
adroitement pour soutenir ce qui est insoute-
nable, ne prouvent rien, parce qu'ils sont entre
eux essentiellement différents, et point identi-
ques avec le cas actuel. A la mort du roi dom
Ferdinand, le royaume était acéphale, et le
pacte social détruit par l'extinction de la ligne
des rois, centre de la réunion politique. Les
princes du sang royal étaient tous bâtards, et
le royaume étant comme le majorat, il exclut
la bâtardise. Dona Brites, quoique mariée à un
prince étranger, passait dans l'opinion publique pour fille du comte Andeira, et non de dom
Ferdinand, et il est remarquable qu'à ces cortès on parla plus de cette inhabileté que de la
première; les enfants de dona Ignez de Castro
étaient également bâtards, et, de plus, déte-
nus en Castille; enfin, le grand maître d'Aviz
était bâtard. Dans ce cas la nation, entrant dans

ses droits naturels par la vacance du trône, pouvait se constituer comme il lui paraîtrait convenable. *Nous pouvons faire ce que nous voudrons*, dit Jean das Regras, et il n'en était pas tout-à-fait ainsi ; le grand maître d'Aviz était déjà roi de fait, par sa valeur, ses vertus et ses services, il s'était emparé des cœurs des Portugais, et si les députés avaient élu un autre roi, le peuple les aurait fort maltraités.

Passons aux cortès de Montemor, qui, selon l'auteur, appelèrent dom Emmanuel au trône. Ces cortès (voyez nos historiens) n'ont point fait une telle élection, et ne décidèrent point des droits de dom Emmanuel ; il a été nommé successeur du royaume par Jean II, ce qui était conforme aux lois du royaume, d'après lesquelles à l'extinction de la ligne directe on suit la transversale ; il a appelé les cortès pour le reconnaître, et elles ont rempli leur devoir.

Notre cas présent est d'une autre nature. Jean VI a laissé un successeur légitime, qui est en possession de l'héritage, et une faction veut l'en dépouiller pour le donner à un autre, convoquant des cortès, les obligeant par des suggestions et des menaces à le faire, tandis qu'elles n'en ont pas le pouvoir. Si les cortès avaient l'autorité de décider des droits de la succession du royaume, le roi cardinal les aurait appelées

pour décider lequel, parmi tant de princes as-
pirants à la couronne de Portugal, y avait
droit à sa mort : il ne le fit point, et autorisa
une assemblée de jurisconsultes pour examiner
cette question. Si les cortès avaient le droit de
disposer de la couronne, Philippe II et ses descendants seraient souverains légitimes du Portugal, puisque les cortès de Thomar l'ont reconnu ; donc la décision des cortès ne peut
préjudicier aux droits de dom Pierre, ni favoriser dom Michel quand même il les aurait.

L'auteur de l'article poursuit « qu'il faut
« proposer la convocation des trois états du
« royaume, parce qu'il s'agit de régler la suc-
« cession d'après les principes de l'alliance ou
« association européenne. »

Dans l'état actuel, où l'usurpation a conduit
le Portugal, l'alliance européenne a à choisir
entre la contradiction de tous les principes de
légitimité tracés par elle-même, ou qualifier
les vociférations de la populace, les actes et arrêts des chambres municipales, les signatures
d'employés publics extorquées par des menaces
de supérieurs, la convocation illégale des cortès
et l'autorité souveraine dont on prétend les in-
vestir, comme des actes de rebellion, anarchiques et démagogues! Il est vraiment dégoûtant
de voir tant de méchanceté et un aussi grand

manque de bonne foi chez un écrivain qui, d'ailleurs, paraît instruit. En accordant cependant que les cabinets étrangers regardent avec tant d'insouciance leurs professions de foi politique (qui ne donne aux peuples que ce que les rois leur donnent), qu'ils voient avec indifférence proclamer en Portugal des principes qui vont ébranler l'Europe entière et compromettre sa tranquillité, en un mot que les trois états se réunissent, nous ferons encore une question : les députés du tiers-état seront-ils des hommes probes, intègres et indépendants? Formeront-ils une véritable représentation nationale? Non certainement, parce que, n'étant pas élus par le peuple mais par les chambres municipales qui, par des suggestions (1), ont

---

(1) Il suffit de transcrire la circulaire du gouverneur militaire de Saint-Ubes, pour donner un exemple du point de démoralisation où sont parvenues les autorités rebelles en Portugal. Voici la teneur de ce document singulier.

« Très-illustre seigneur, sachant d'une manière certaine que quelques chambres municipales du royaume ont adressé à l'infant régent une représentation ou supplique dans laquelle elles prient S. A. R. de se proclamer Roi, représentation dont les principaux articles sont ci-inclus, je m'empresse d'en informer l'illustre chambre,

donné l'impulsion à la rebellion , et aujourd'hui par l'espoir d'une récompense et la crainte d'un châtiment, ils la soutiennent ; ce sont donc des procureurs des municipalités et non du peuple, et encore ne le sont-ils pas de toutes, car beaucoup n'ont pas de voix aux cortès , d'autres ont proclamé les droits indisputables de Pierre IV, et plusieurs ont annulé les actes de rebellion faits par subornation au nom d'un usurpateur,

---

sachant bien qu'elle prendra sans perdre un moment une mesure à laquelle la disposent ses opinions et ses sentiments royalistes, et parce que je désire qu'elle concoure au bonheur que doit assurer à la nation l'assomption par S. A. R. dom Miguel, des droits inaliénablés de la couronne de ces royaumes.

« Que Dieu conserve long-temps votre Excellence.

« *Signé*, D. Alvaro da Costa de Souza e Macedo. »

Saint-Ubes, le. . . avril 1828.

Les représentations des deux chambres sont renfermées dans les deux points suivants :

1º De supplier S. A. R. de daigner, en se rendant au vœu général de la nation et dans l'intérêt du peuple portugais, se déclarer roi légitime de ces royaumes et leur seigneur naturel non-seulement par les lois fondamentales de la monarchie, qui lui donnent le droit de légitimité, mais par la volonté générale du peuple.

2º De la supplier d'abolir nos nouvelles institutions,

et réclamèrent de la junte du gouvernement provisoire le droit de faire un nouvel acte en faveur de la légitimité, et d'autres enfin ont maintenu fermement leur premier serment (1). Mais accordons l'impossible pour un moment, accordons que de tels hommes élus par de telles chambres et qui naturellement en sont membres, aient assez de vertu pour voter avec droiture : seront-ils libres de leurs votes ? Personne ne le dira, car il est bien connu que le parti qui

---

comme contraires aux droits de la nation, destructives de son pacte fondamental, et émanant de la même faction qui usurpa la souveraineté en 1820.

N. B. D. Alvaro n'est pas la seule autorité qui ait employé ce moyen scandaleux de subornation : le ministre de l'intérieur Joseph Antoine de Oliveira Leite de Barros, adressait à toutes les municipalités de semblables insinuations, et il remplaçait les membres dévoués à Pierre IV par d'autres, dont les opinions rebelles étaient connues; pendant ce temps, le comte de Rio Pardo, ministre de la guerre, ordonnait aux autorités de la rive gauche du Guadiana, d'armer le peuple et de forcer les dissidents à la rebellion! *Credite, posteri!!!*

(1) Tels que Beja, Redondo, et plusieurs chambres des autres provinces, qui ont fermé les oreilles aux infames suggestions et aux menaces des autorités traîtresses.

les convoque ne veut ni raisons ni vérité, il veut des prétextes et des services. Nous sommes certains qu'ils peuvent compter sur les procureurs, qui diront fort exactement ce qu'on leur ordonnera de dire.

Quant aux deux autres partis, la noblesse et le clergé, le premier n'est pas représenté, parce qu'il y a un grand nombre de nobles de première classe qui ont refusé de signer le honteux document de haute trahison, et qui couvre d'opprobre ses infâmes auteurs ; et le second a quelques dissidents qui ne comparaîtront pas lors de la réunion dérisoire. L'époque de la convocation paraît avoir été fixée au 29 juin, et le monde entier verra alors ce que peuvent l'immoralité et la bassesse ! Les grands du royaume, et les prélats qui ont composé en partie la chambre des pairs, et qui ont reconnu la légitimité de Pierre IV, feront-ils un honteux parjure ? Loin de nous cette idée. Il nous répugne de croire, que même parmi ceux qui sont restés à Lisbonne, il n'y en ait pas qui écoutent les cris de leur conscience. Le contraire serait un malheur; mais quel que soit le résultat, la réunion est un acte illégal et de rebellion, attendu qu'elle nécessitait la convocation royale, et Pierre IV, actuellement reconnu et juré roi de Portugal, est si loin de les convo-

quer, qu'abolissant les cortès de Lamego par
sa charte constitutionnelle, il les a également
abolies en créant les nouvelles cortès sanctionnées par la même charte, et les seules qui soient
légitimes dans ce royaume. Peut-être nous
dira-t-on que la convocation a été faite par
l'infant dom Michel, en raison des circonstances
impérieuses, et pour éviter des maux supposés
que la perversité lance sur notre malheureuse
patrie; mais dom Michel, comme lieutenant,
est le premier sujet de son auguste frère; il
gouverne et ne peut gouverner le royaume que
d'après la charte, qu'il a juré d'observer et de
maintenir. Dom Michel ne peut licitement dé-
roger à ce qui a été établi par une autorité
supérieure à la sienne, et à laquelle il doit
obéir, pour faire renaître des institutions que
cette autorité supérieure avait détruites. De
telles cortès ne peuvent donc pas être légitimes,
et si pour se montrer sur la scène politique du
Portugal il faut une révolution, comment se
légitimeront-elles devant le tribunal politique
d'Europe? Puisque donc tout ce qui dérive
d'une cause illégale entraîne à une nullité in-
curable, il s'ensuit que ces cortès étant illégales
aux yeux de la loi, tous ses arrêts et décisions
seront également nuls, et ne peuvent favoriser
le parti usurpateur.

Que l'on ne nous dise pas non plus que l'infant dom Michel a juré par la force, de prêter serment d'obéissance à son auguste frère et à la charte, et qu'il peut annuler et réclamer son serment comme son aïeul Jean IV, celui d'hommage envers les Philippe; car laissant la question morale de savoir s'il est libre ou non de jurer contre sa propre conscience, par l'effet de grande peur (1), tout le monde sait que Son Altesse n'a pas prêté serment par la force, car elle n'y a été forcée ni à Vienne, ni en Portugal. En Portugal il est inutile de le démontrer, car ses procédés le prouvent; à Vienne il est clair qu'il ne l'a pas été non plus, car ayant reçu l'ordre de Sa Majesté de s'embarquer pour Rio de Janeiro, il ne l'a pas fait, et renvoya le vaisseau qui a été tout exprès à Brest pour le prendre, et sans que sa volonté ait été violentée. Qui osera donc assurer qu'il n'a reconnu à Vienne librement et spontanément la légitimité de son frère et de son roi,

---

(1) Résolvant la question, qu'il est licite de jurer contre sa propre conscience par peur, nous aurons une décision qui attaque le christianisme à ses fondements, et ce qui n'est pas moins important, l'on admet une doctrine qui justifie tous les crimes.

Pierre IV, tandis qu'il le déclare par une lettre adressée à l'infante dona Isabelle Marie, alors régente du royaume (1) ? C'est de Vienne que dom Michel devait protester ou refuser son serment, mais il ne l'a pas fait, parce qu'à Vienne il était gouverné par sa propre raison, sa volonté et ses sentiments : en Portugal il est entouré des chefs d'une faction insolente qui abuse de sa bonne foi, opère par des sugges-

---

(1) « Ma chère sœur, quoique je doive supposer que vous ayez connaissance de la résolution souveraine prise par notre auguste frère et roi de me nommer son lieutenant et régent dans ces royaumes, pour les gouverner conformément à ce qui est prescrit dans la Charte constitutionnelle donnée par notre auguste frère à la nation portugaise, je ne puis cependant omettre de vous informer que j'ai reçu le décret du 3 juillet de l'année courante, en vertu duquel je suis pleinement autorisé à prendre la régence des royaumes de Portugal et des Algarves et de leurs dépendances.

« Résolu de conserver inviolables les lois du royaume et les institutions légalement accordées par notre auguste frère, que nous avons tous juré d'observer, de faire observer et d'employer pour gouverner lesdits royaumes, il est convenable que je fasse cette déclaration solennelle, afin que ma sœur lui donne la publicité nécessaire, et puisse en même temps faire connaître ma ferme résolution de réprimer les factions qui, sous

tions étrangères, se constituant traître, et entraînant sa malheureuse patrie dans le plus
profond des abîmes.

ARTICLE VI.

Conduite de la municipalité de Lisbonne.

Ayant réfuté, à ce qu'il nous semble, les
doctrines des écrivains salariés qui soutiennent

---

quelque prétexte que ce soit, pourraient chercher à
troubler la tranquillité publique de ces royaumes. Je
désire que les erreurs et les fautes passées qui peuvent
avoir été commises soient mises dans un oubli total ;
que la concorde et un parfait esprit de conciliation suc-
cèdent aux agitations déplorables qui ont divisé une
nation renommée dans l'histoire pour ses vertus, sa
valeur, sa loyauté et son attachement respectueux à ses
princes.

« Afin d'exécuter les instructions royales de notre auguste frère, je me prépare à retourner dans le royaume,
et je vous prie en conséquence, ma chère sœur, de faire
équiper une frégate et un brick, et de leur ordonner de se
rendre au port de Falmouth, afin que je puisse, de ce
port, partir pour Lisbonne.

« Dieu préserve ma chère sœur pendant les années
que lui souhaite son très-affectionné frère,

« L'infant D. MIGUEL. »

la rebellion et fait connaître les moyens employés pour y parvenir, démasquant les ruses des sectaires pour la consolider; nous examinerons la conduite que la municipalité de Lisbonne a tenue dans cette période d'infamie. L'acclamation non-seulement tumultueuse et illégale, mais encore accompagnée de circonstances ridicules, faite sous la direction du trop connu colonel Chicoria et du capitaine licencié Arrobas, sera conservée dans les annales portugaises comme un monument de démence, et fera connaître l'excès où peut se porter un corps quand il est gagné pour préférer l'amour de l'intérêt personnel aux devoirs de l'honneur. Il paraît incroyable qu'une chambre composée de magistrats, par là moins excusable, osât faire une démarche si contraire aux lois, qu'elle n'a pu être légitimée et validée même par ceux qu'elle voulait servir et flatter, quoiqu'ils en fussent intérieurement satisfaits.

Les chambres municipales, en Portugal, ont un réglement qui marque leurs attributions; elles sont composées des notables de son district, et présidées par le ministre territorial. Celle de Lisbonne, sous prétexte de lui faire honneur, a été érigée en tribunal, composée de juges conseillers, et présidée par un noble; on y a joint une junte de finances, ce qui a été le moyen de la rendre la plus dispendieuse et la plus mal organisée du royaume et, sans contredit, la plus inutile, vu que la police et les travaux publics forment des administrations séparées. La municipalité de Lisbonne doit donc être considérée comme une grosse prébende accordée à ces juges, qui ayant déjà dilapidé antérieurement les deniers de l'État, vont y consommer les forts revenus sans que l'on sache comment et pourquoi cette chambre, ainsi que les autres du royaume, sont chargées de l'administration économique de leurs districts, des peines correctionnelles, du jugement sommaire des petits différends, de la défense des causes particulières devant le trône, et de fixer les émoluments des curés et des vicaires de leurs districts. Après cela comment supposer qu'il soit du jugement humain non d'approuver, mais de tolérer que la municipalité de Lisbonne se mette à la tête d'une troupe de factieux de la lie du peuple, et dirige cette multitude de vociférateurs (1), et procède à

---

(1) Tout le monde a été témoin à Lisbonne, que quelques laquais, les bras et les pieds nus, et des chiffonniers commandés par Chicoria, Arrobas et la municipalité, ont été ceux qui ont fait l'acclamation! Cette farce a été si ridicule, qu'un diplomate distingué qui

une acclamation qui ne tend qu'à produire une révolution complète, enlevant le trône à un roi qui en a la possession pour le donner et transférer à un prince qui règne au nom de ce même souverain ? Certes, cette conduite est sans exemple dans l'histoire du monde et passe l'entendement humain. Les auteurs de la révolution de 1820, en tête de toute la force armée et avec les vœux de la plus grande partie de la nation en leur faveur, n'en ont pas fait autant, et ne l'ont même pas pensé. Ils ont voulu établir une nouvelle forme de gouvernement réclamée par les circonstances fâcheuses où se trouvait le Portugal ; ils ont cherché à réformer des abus, à changer la législation nationale, mais loin d'attenter au trône, leur premier cri a été d'en reconnaître Jean VI et ses descendants les légitimes possesseurs ; on peut dire qu'ils ont été révolutionnaires, mais on ne pourra les accuser d'être traîtres ; ils n'ont point rompu, comme la municipalité de Lisbonne, le serment de fidélité prêté à leur souverain. Ah ! si le Portugal

---

en a été témoin a dit avec beaucoup de sel : « L'empressement avec lequel on a fait cette acclamation a été si grand, que les acclamateurs n'ont même pas eu le temps de chausser des bas et des souliers. »

était à présent gouverné par le grand infant dom Pierre, oncle et gendre d'Alphonse V, et que ces abjects serviteurs eussent l'audace de s'offrir à ses yeux pour lui rendre compte de leurs faits ; il les enverrait revêtus de leurs toges se reposer de leurs fatigues d'acclamations, et continuer leurs arrêts dans les prisons criminelles. Malheureusement pour les Portugais, ces lieux sont aujourd'hui réservés à d'autres fins et servent de Prytanée pour loger aux frais de l'État ceux qui se dévouent à la défense du roi légitime ! Mais détournant les yeux du tableau d'iniquités que nous offre notre malheureuse patrie, nous dirons que si les procédés de la municipalité sont atroces, révolutionnaires et anarchiques, l'affiche par laquelle elle a convoqué les habitants de la capitale pour signer ses actes, est ridicule et inconséquente. Ridicule parce qu'on admit à signer des vagabonds, des hommes vils, des porteurs d'eau, et enfin tout ce que la ville renfermait de plus dégoûtant, et jusqu'à des femmes ; qu'il est sans exemple depuis la fondation de la monarchie d'avoir jamais pris part à de semblables actes ; inconséquent parce que la municipalité représente la population de Lisbonne, et que les signatures individuelles de cette population n'ont aucune utilité, aucune validité.

Il n'y a à notre manière de voir qu'un seul motif pour que cette chambre procédât ainsi, et que le gouvernement y consentît ; et c'est le désir effréné de compromettre le plus grand nombre possible de citoyens, fortifiant leur parti avec ceux qui signaient, et poursuivant et disgraciant ceux qui refusaient, puisque aujourd'hui il n'est permis à personne en Portugal de conserver l'honneur, en sacrifiant même son opinion ! Le parti rebelle, certain de sa faiblesse, veut montrer de la force, il tremble, il craint tout, et veut affecter que personne ne l'intimide. Il a les entrailles de Tibère, mais sans en avoir le courage, le sang-froid et la parfaite dissimulation.

Revenant encore à la municipalité dont la conduite donne une ample matière à composer un volume, nous lui dirons encore : Qui a donné à ses messieurs le droit d'intervertir l'ordre de succession à la couronne ? Qui les a revêtus de la souveraineté pour faire don du sceptre de Portugal à leur bon plaisir, calomniant les plus honorables habitants de la capitale, et les rendant ridicules par cette farce de sansculottisme, aux yeux des diplomates étrangers qui en ont été témoins ? Sur quel droit fondent-ils une conduite aussi extravagante ? Comment se persuaderont-ils, que les cabinets étrangers auront regardé avec indifférence une profanation aussi scandaleuse de tous les principes du droit public d'Europe? Que cette troupe de vampires qui depuis tant d'années se nourrit du sang et des sueurs des infortunées classes industrieuses de la capitale, nous réponde ; que ce rebut de magistrats vénaux nous dise, pour quelle raison à la mort de Jean VI, ils n'ont point réclamé les droits de dom Michel? Est-ce que ceux-ci se sont améliorés depuis lors? Les mêmes magistrats qui proclament la légitimité de dom Michel, n'ont-ils pas bien paisiblement procédé au nom de Pierre IV après lui avoir juré fidélité? Serait-il possible de dire, qu'ils eussent alors moins de connaissance des lois du royaume, et l'infant moins de droits à la couronne? En un mot, pourquoi perdre du temps? ou la municipalité et avec elle le gouvernement a agi en traître lorsqu'ils reconnurent Pierre IV, tandis que le royaume appartenait à dom Michel, ou elle trahit à présent, méconnaissant les droits de Pierre IV. Dans quelconque des deux cas la municipalité et le gouvernement sont criminels de lèse-majesté.

DERNIER ARTICLE.

Quel sera le sort du Portugal, si la faction usurpatrice parvient à son but.

Après avoir examiné la conduite de la chambre municipale de Lisbonne, et analysé les faits qui ont amené l'usurpation, il nous paraît naturel de jeter les yeux sur la position de notre patrie infortunée.

Un pays petit, pauvre, mal peuplé, peu instruit. Nous sommes petits, sans doute, mais sous un bon gouvernement nous aurions pu devenir florissants, nous aurions profité de notre position géographique, unis nous aurions acquis des habitudes industrielles, et aurions recouvré notre ancienne considération. La Hollande plus petite encore et avec moins de ressources a mis, en d'autres temps, les nations à contribution ; Gênes et Venise avec un plus petit territoire encore que la Hollande, ont donné des lois à l'Europe commerciale. Un climat tempéré et le plus agréable du monde, un terrain on ne peut plus fertile susceptible de toute culture, et coupé par un grand nombre de riviéres navigables, entouré de ports de mer, une position centrale au milieu du globe, voici le

Portugal. Mais tout ceci que la généreuse main de la nature nous a donné, ne nous a été d'aucune utilité; car depuis fort long-temps les administrateurs de l'État l'ont méprisé.

Enfin, un rayon de lumière éclairait une meilleure époque par le don généreux d'une charte constitutionnelle, octroyée par un roi magnanime, lorsque la trahison la plus noire nous réduit de la faiblesse au néant.

Nous étions pauvres sans doute, mais nous le devenons encore plus par l'émigration de nombreux capitaux, les persécutions, les invasions et la rebellion. Des champs ravagés, des contrées dévastées, des villages incendiés, des villes pillées, l'agriculture abandonnée, le commerce anéanti, enfin toutes les horreurs d'une guerre civile et le démembrement de la monarchie : voici les premiers résultats de l'usurpation.

Notre pays était mal peuplé : mais des lois protectrices, la liberté individuelle et des propriétés, la tolérance des cultes, et l'inviolabilité garantie par la charte, auraient engagé le voyageur investigateur à jouir d'un climat bienfaisant, d'un ciel pur et serein, et à s'établir parmi nous en augmentant nos ressources; mais la tyrannie qui le dépeuple, donne, par les nombreux expatriés, un avis salutaire à l'étran-

ger, de ne point visiter un pays où l'on poursuit
la fidélité, où l'honneur est un crime, le talent,
un défaut, et l'amour du travail, un abus.

Mais si le manque de population est un grand
mal, il en est un bien plus grand encore,
c'est le défaut d'éducation. Nous sentons notre tort, bien qu'en proportion de notre pe-
titesse, nous ayons un grand nombre d'hommes
instruits; mais ils ont fui le Portugal depuis
les derniers événements politiques, ou ils sont
retenus dans de sombres cachots. Tandis que
c'est là le triste sort de nos sages et de nos
hommes de talent, quels sont les moyens que
la faction usurpatrice a adoptés pour illustrer
le peuple? Les plus horribles sans doute! Il a
cherché à provoquer les délations, à établir un
système d'espionnage, à armer les assassins,
à rompre les serments, à mépriser l'honneur,
propager l'immoralité, récompenser le vice et
la trahison! Il n'y a plus aujourd'hui ces faibles
restes de mœurs qu'une servitude continuelle
n'avait pas encore entièrement perverties; il
n'y a plus de religion : la trahison et le fa-
natisme apprennent à la mépriser; il n'y a
plus d'esprit national : l'égoïsme l'a entièrement absorbé. Sans mœurs, sans religion, sans
esprit national! quel triste état, peuple infor-
tuné qui s'y trouve réduit!

Ce tableau n'est certainement pas exagéré. Il est encore loin de la réalité ; mais, quelque terrible qu'il paraisse, il n'est point effrayant pour la faction usurpatrice qui, altérée de sang, veut dominer sur une masse de ruines et des monceaux de cadavres. Mais admettons un instant que l'usurpation triomphe, et que l'armée fidèle soit obligée de céder au nombre, quelles peuvent être les suites d'un triomphe semblable ? Les puissances européennes qui ont tant fait dans les différents congrès et particulièrement à celui de Vienne, pour établir les droits de la légitimité et détruire les principes anti-sociaux, rgearderont-elles avec indifférence l'acte de la plus honteuse usurpation et de la plus criminelle trahison que nous offre à la mémoire l'histoire des grands crimes humains ? Non, cela n'est pas possible. Toutes les monarchies de l'univers ont un intérêt immédiat à désapprouver une telle conduite, qui ne saurait être admise sans ébranler les fondements de tous les trônes. En reconnaissant ce principe funeste, qui veut dire, en d'autres termes, le droit existe par la force, l'on verra dans peu une combustion générale dans tout le monde civilisé. L'Espagne, la France, la Russie, la Suède, l'Autriche, et jusqu'à l'Angleterre, auront tout à craindre d'intérêts opposés, des partis toujours prêts à profiter des occasions favorables pour dominer, des mécontents qui les grossissent, et des innovateurs hardis, et bientôt ils se retrancheront derrière ce dangereux rempart, qui, en s'écroulant, écrasera par sa chute tous ceux qui auront eu la faiblesse de transiger avec les principes immuables de la légitimité.

Mais nous supposons encore gratuitement que les puissances continentales veuillent reconnaître dom Michel usurpateur, quoique certain personnage éminent d'Angleterre en ait envoyé part à Lisbonne : par cette reconnaissance le sort du Portugal s'en améliorera-t-il ? avec une bien triste administration de finances, sans agriculture, ni industrie, le Portugal ne se soutient que par son petit commerce avec le Brésil et avec ses possessions d'outre-mer. Cette frêle existence cessera du moment que Pierre IV aura connaissance de l'usurpation. Un blocus rigoureux, la confiscation des propriétés portugaises au Brésil, seront les premiers résultats ; et à la suite, la séparation des possessions d'outre-mer ; car elles ne peuvent attendre de Portugal que des gouverneurs qui les voleront et les opprimeront. Et consultant leurs intérêts elles se réuniront comme il est naturel, à l'empire du Brésil, qui les y engage par une administration

sage et juste, présidée par un souverain magnanime et entreprenant. Voici le Portugal isolé,
avec une population infirme et démoralisée,
une masse d'employés, une armée monstrueuse,
une magistrature colossale, et d'innombrables
harpies nourries dans la fange des abus et qui
finiront par lui dévorer les entrailles : le voici
livré à ces ressources presque nulles ; la sortie de
son peu de productions fermée, les sources de
quelques revenus publics taries, quelques
étrangers qui y mangeaient leurs revenus, dé-
sertant, et les capitalistes s'enfuyant avec leurs
capitaux. La misère désolera ce malheureux
pays, et la populace, dont les bras ont été ar-
més pour répandre le sang de l'innocent, dans
peu, exaspérée par l'indigence et reconnaissant
l'erreur, tournera ses poignards vers ceux-là
mêmes qui les lui confièrent. Une révolution
sanguinaire et effroyable sera le résultat de la
trahison, et malheur alors au gouvernement
et aux fonctionnaires qui se sont servis de la
canaille pour soutenir leurs plans odieux! Ils
seront les premiers sacrifiés, et le Portugal
verra occuper ses forteresses par des forces
étrangères, pour rendre la tranquillité au pays,
et le trône à son monarque légitime. Nous le
répétons, nous ne sommes pas dans le siècle où
les usurpations triomphent. Napoléon Bona-

parte avec tout son talent militaire, ayant la moitié de l'Europe sous son empire, et à la tête de l'armée la plus grande et la plus aguerrie qui ait jamais paru en campagne dans notre siècle, a dû céder le terrain aux principes de la légitimité, et le trône de France aux Bourbons à qui la révolution l'avait enlevé. Cet exemple ne doit pas être oublié de la génération présente, et doit servir de leçons aux ignorants qui, aveuglés par la fureur, se trouvent enchaînés au char triomphal de l'usurpation. La fin funeste de Napoléon, qui, sans contredit, a été le plus grand homme de son siècle, semble leur dire : *Quod regnum est, cui parata non sit injuria, et proculcatio, et dominus, et carnifex! Nec ista intervallis divisa, sed horæ momentum interest inter solium et aliena genua.* (Sénèque.)

En terminant ce dernier chapitre nous conclurons de tout ce que nous avons examiné :

1° Que l'usurpation ne peut triompher, alors même qu'on parviendrait à étouffer momentanément en Portugal le cri de fidélité.

2° Que Pierre IV est le roi légitime de Portugal par le droit de succession et par les lois fondamentales de la monarchie.

3° Que la charte ne pouvait être abolie par l'infant dom Michel.

4° Que tous les actes des trois états sont nuls , parce que leur convocation est illégale et révolutionnaire ; en s'arrogeant la décision d'une question qui est hors de leur portée.

5° Que la conduite de la chambre municipale de Lisbonne, la constitue rebelle, traître, parjure, et comme telle criminelle de lèse-majesté.

6° Que la vérification des projets de la faction amènera le démembrement du royaume et sa ruine totale.

Si nous pouvions ajouter à ce tableau quelques raisonnements qui parvinssent aux oreilles des factieux, nous leur dirions : « Songez, mons-
« tres, que vous travaillez à la ruine de votre
« patrie, fomentant la guerre civile entre frè-
« res ! Songez où vous allez précipiter l'idole
« que vous avez exaltée ? Réfléchissez qu'aucun
« monarque n'a pu consolider son pouvoir, ni
« régner en paix, sans se conformer aux opi-
« nions de son siècle. L'histoire ne nous offre
« pas d'exemple qui démente cette observation.
« Les souverains vraiment grands ont été ceux
« qui connurent l'esprit de l'époque où ils
« vivaient, et qui ont cédé à l'impulsion de
« leur siècle. Au contraire, ceux qui ont cher-
« ché à résister à l'opinion, ont eu des règnes
« faibles, agités et désastreux. Leurs triomphes

« sur les idées qu'ils ont voulu étouffer, ont
« toujours été éphémères, et à la fin l'esprit
« du siècle est resté vainqueur, quelque iné-
« gale que fût d'abord la lutte. Les sycophantes
« ne régissent point le monde, ce sont les idées
« et l'opinion générale de chaque époque.
« Cette opinion est la reine du monde, son
« empire est indestructible. Pour la former il
« faut beaucoup de sagesse; pour la diriger il
« suffit de la prudence et une bonne volonté;
« la mépriser fait supposer une dépravation de
« mœurs; mais y vouloir résister prouve de la
« folie ou de l'exaspération. C'est l'opinion qui
« à la voix de quelques laboureurs a amené
« la liberté de la république helvétique, et l'a
« défendue contre le pouvoir formidable de
« l'Autriche. C'est elle qui inspira à quelques
« marins infortunés le désir de secouer le joug
« de Philippe II, et qui arracha la Hollande
« à ses puissantes mains. A deux reprises elle
« a précipité les Stuarts du trône où ils vou-
« laient régner d'une manière qu'elle désap-
« prouvait. L'opinion a fait succomber la
« Grande-Bretagne dans sa lutte avec les États-
« Unis. L'opinion a fait triompher la France
« contre la coalition de toute l'Europe. L'opi-
« nion a fait descendre Napoléon du trône, et
« changea la France de monarchie absolue en

« monarchie constitutionnelle. C'est encore elle
« qui sauvera l'Espagne en lui donnant une
« charte constitutionnelle; et enfin c'est elle
« qui rendra le Portugal à son souverain légi-
« time, Pierre IV, en lui garantissant les insti-
« tutions que sa haute sagesse lui a octroyées,
« et qui sont la seule planche de salut de ce
« malheureux royaume, qui par tant de titres
« mérite un meilleur sort. »

FIN.